폭력과 이슬람

아랍의 문호 아도니스,
정치화된 이슬람의 폭력성을 말하다

Violence et Islam

Violence et Islam

Entretiens avec Houria Abdelouahed

by ADONIS

Copyright ⓒ Éditions du Seuil, 2015
Korean translation copyright ⓒ HanulMPlus Inc., 2019

이 도서의 국립중앙도서관 출판예정도서목록(CIP)은 서지정보유통지원시스템 홈페이지(http://seoji.nl.go.kr)와 국가자료공동목록시스템(http://www.nl.go.kr/kolisnet)에서 이용하실 수 있습니다.
CIP제어번호: 2018036063(양장), CIP2018036064(반양장)

아도니스 · 후리아 압델루아헤드 지음
은정 펠스너 옮김

폭력과 이슬람

Violence et Islam

아랍의 문호 아도니스,
정치화된 이슬람의 폭력성을 말하다

일러두기

꾸란을 인용한 부분은 헤브론(Hebron) 대학교에서 제공하는 꾸란 한국어 번역(http://www. hebron.edu/quran/translate.php?기=12)을 참고했습니다.

차례

머리말

예언자 무함마드가 사망하자 최초의 칼리프caliph 국가(무함마드의
후계자인 칼리프에 의해 통치되는 정교일치 국가─옮긴이)가 설립되면서 이슬람
교는 정치 공동체로 변형되었습니다. 이 과정에서 종교 그 자체가 권
력을 위한 투쟁 수단으로 이용되었습니다. 무함마드를 신봉하던 '단일
한' 공동체는 계속 분열과 불화를 겪고 전쟁을 치러야 했습니다. 이슬
람은 이데올로기의 투쟁장이 되었으며 꾸란Qur'ān은 개인의 이해관계
에 따라 제멋대로 해석되었습니다. 이런 과정을 통해 하디스Hadīth(무
함마드의 말과 행동, 그리고 그가 묵인한 행동을 기록한 책이며, 이슬람법의 4대 원칙
중 하나─옮긴이)와 이즈마ijmā'(이슬람 법의 4대 원칙 중 하나로, 종교 공동체 내부
의 '일치점에 도달한 견해'를 의미한다─옮긴이)를 숭상하는 문화가 형성되었
습니다.

현재 이슬람은 이러한 역사성에 기반을 두고 있습니다.

이 대담집은 이러한 이슬람과 그로부터 파생된 문화를 다룹니다.

폭력과 이슬람

다시 말해 이 책은 초대 칼리프 국가에서부터 오늘날까지 이어진, 정치화된 이슬람만을 다루고 있음을 분명히 밝힙니다.

    우리의 다음 작업은 철학적·심리학적 관점에서 본 이슬람의 폭력을 다룰 것입니다.

2015년 8월 파리에서

아도니스Adonis와 후리아 압델루아헤드Houria Abdelouahed

제비가 오지 않은 봄

66 아랍의 봄 시위 이후에 일어난 사태는 제가 보기에 혁명이 아니라 일종의 전쟁입니다. 그리고 이 전쟁을 주도한 사람들은 독재정치에 항거하는 대신 스스로 독재 권력으로 전락하고 말았습니다. 물론 반정부 시위자들 중에는 폭력을 자제한 사람들도 있습니다. 하지만 이 사람들의 의견은 시위가 계속되면서 완전히 묵살됐어요. 이 혁명의 성격은 시민혁명이 아니라 종파적이고 부족적이었으며, 또한 아랍이 아니라 이슬람다웠습니다. 99

후리아 압델루아헤드(이하 후리아) 아도니스, 아랍의 봄 반정부 시위가 왜 실패했다고 생각하십니까?

아도니스 아랍의 봄 반정부 시위가 처음 일어났을 때, 저는 드디어 아랍 세계가 각성하기 시작했다고 생각했습니다. 아주 고무적이라고 생각했지요. 그런데 아랍의 봄 시위 이후에 일어난 사태는 제가 보기에 혁명이 아니라 일종의 전쟁입니다. 그리고 이 전쟁을 주도한 사람들은 독재정치에 항거하는 대신 스스로 독재 권력으로 전락하고 말았습니다. 물론 반정부 시위자들 중에는 폭력을 자제한 사람들도 있습니다. 하지만 이 사람들의 의견은 시위가 계속되면서 완전히 묵살됐어요. 이 혁명의 성격은 시민혁명이 아니라 종파적이고 부족적이었으며, 또한 아랍이 아니라 이슬람다웠습니다. 어쨌든 아랍 사회는 이 사건을 통해 급진적으로 변했다고 볼 수 있습니다.

후리아 급진적이라는 표현이 맞는 것 같습니다. 저는 아랍의 봄 이후에 정치·사회·경제·문화 분야에서 많은 변화가 일어났다고 생각합니다.

아도니스 전적으로 동의합니다. 그런데 이러한 변화가 종교와 권력이라는 근본적인 부분에만 집중되었던 것이 문제였습니다. 역사를 통해 계속 자신의 권리를 침해받았던 시민들은 권력을 무너뜨리는 데만 관심이 있었지 그 외의 문제들, 예를 들면 정치제도, 교육제도, 가족, 여성의 해방, 개인의 해방 같은 문제에는 아무 생각이 없었던 거예요. 결국 시민사회의 형성, 즉 시민이 주인이 되는 사회에 대한 성찰이 없었다고 봅니다.

후리아 그러니까 계속 정치권력에 억압받았던 시민들은 진정한 개혁이 무엇인지 전혀 알지 못했고, 개혁을 하려면 얼마나 많은 어려움이 뒤따르는지 전혀 알지 못했다는 말씀이시죠.

아도니스 맞습니다. 한마디로 목표가 없었다고 볼 수 있습니다. 혁명은 세속화된 사회에서나 가능하지, 아랍 같은 사회에서는 불가능하다고 봅니다. 그리고 두 번째 실패 원인은 소위 혁명을 일으켰다고 주장하는 주동자들이 외국 세력에 의존했기 때문입니다. 주동자들은 주체적으로 행동하지 않고 외국 세력에 의존하는 실수를 저질렀어요.

후리아 주동자들이 서구 세력의 개입을 먼저 요청했나요, 아니면 서구 세력이 혁명을 틈타 영향력을 확장하기 위해서 스스로 개입한 것인가요?

아도니스 양측이 모두 원했다고 생각합니다. 그리고 그 결과는 비참했어요. 외국 세력을 끌어들임으로써 아랍의 봄은 심각한 피해를 보았습니다. 그리고 혁명의 실패 원인 중 하나가 무기라는 것을 명심해야 합니다. 엄청난 물량의 현대 무기가 외부에서 반입되었습니다. 외부의 도움이 없었다면 주동자들이 이러한 무기들을 손에 넣을 수 없었다는 것은 누구다 다 알고 있는 사실입니다. 결론적으로 혁명을 일으킨 사람들은 독재 정권을 무너뜨리는 대신 모국을 파괴하는 결과를 초래했습니다.

후리아 그런데 시리아에서는 시리아 정권 스스로가 대량 학살을 저지르고 자국의 영토를 파괴하는 데 앞장서고 있습니다.

아도니스 사실입니다. 개혁에 목표를 둔 혁명은 물질적인 피해를 최대한 삼가야 합니다. 시리아 정권이 상당히 폭력적이라는 것은 사실입니다. 하지만 혁명을 일으킨 주동자들은 혼란의 상황 속에서도 조국을 파괴하는 행위는 피했어야 합니다. 결국 이러한 파괴 행위 때문에 더욱 체계적이고 엄격한 근본주의가 회귀했습니다. 시민들은 좀 더 좋은 세상을 만들어보겠다는 희망으로 가득 차 있다가 암흑의 시기로 추락하게 된 것이지요. 우리는 희망으로 가득 찬 개혁 대신에 참담한 실패를 맛보고 있습니다. 더 중요한 것은 이 과정에서 여성의 해방에 대한 어떠한 발언도 언급도 없었다는 사실입니다. 여성들을 계속 샤리아shari'ah(이슬람교의 법－옮긴이)에 얽매어 놓고 과연 아랍의 혁명을 논할 수 있을까요? 결론적으로 이데올로기의 목적으로 이용하기 위해 도구화되고 해석되었던 종교를 근절하지 못함으로써 아랍의 봄은 지옥이 되었습니다.

후리아 불안정한 상황을 이용해 혁명을 무마하려던 사람들은 종교 지도자들인가요, 아니면 본질적으로 근본주의 신앙을 가지고 있던 아랍인들과 무슬림들인가요?

아도니스 혁명은 혁명을 일으킨 사람들의 수준을 그대로 반영합니다. 즉, 혁명이 일어난 나라에서 가장 중요한 것은 혁명을 일으킨 사람들의 일반적인 수준과 그들의 문화 수준, 그들의 세속화 정도, 세계에 대한 그들의 비전과 현실을 분석하는 관점입니다. 우리는 아랍 국가에서 혁명이라는 이름 아래 진행된 사태를 통해 아랍 사회 대부분이 아직도 무지와 문맹, 그리고 종교적 암흑기에서 헤어나지 못하고 있다는 사실을 알게 되었습니다. 암흑기로 회귀하는 혁명은 진정한 혁명과 거리가 멉니다. 한마디로 비극이라고 말할 수 있습니다. 우리는 희망으로 가득 찬 미래를 향해 첫발을 내딛긴 했지만 결과적으로 후퇴하고 말았습니다. 이는 완전한 퇴보라고 할 수 있습니다.

후리아 퇴보라고 표현하셨는데 예를 들어 우리는 현재의 역사를 통해 역사가 계속 반복되고 있다는 사실을 상기하게 됩니다.

『알키탑al-Kitâb(책)』 제3권에서 이런 말씀을 하셨지요.

알레포 − 너는 얼마나 많은 반란을 일으켰는가.
너의 아들이던 반란자들의 목은 검으로 절단되고 [……]
얼마나 많은 폭군을 포옹했는가!

이 구절을 읽으면, 이 구절이 현재 알레포에 대한 묘사가 아닌가 하는 생각이 듭니다. 역사가 반복되고 있다는 사실에 대해 개인적으로 어떻게 생각하세요? 그리고 15세기부터 지금까지 무력을 통한 정복이 끝나지 않는 이유가 무엇이라고 생각하십니까?

아도니스 우리는 아랍의 봄에 대해 얘기할 때, 종종 이 혁명이 마치 과거와 아무 관련이 없는 것처럼 생각합니다. 하지만 아랍의 봄은 분명히 우리의 과거와 연결되어 있습니다. 우선 아랍의 봄보다 훨씬 급진적인 혁명 운동이 있었다는 사실을 분명히 알아야 합니다. 일명 '흑인들의 혁명'이라고 불리는 잔즈Zanj 혁명[1]이 그중 하나고요. 그다음으로 까라미타파Qarāmiṭah의 혁명[2]도 이러한 급진적 혁명 운동에 속합니다. 까라미타파는 오늘날의 사회주의와 유사한 정치체제를 수립한 사람들입니다. 그 외에도 자유와 평등을 부르짖는 수많은 소규모의 혁명이 있었어요. 규모에 상관없이 이러한 혁명은 모두 아랍의 봄 혁명보다 훨씬 중요한 의미를 내포하며, 훨씬 급진적이었습니다.

후리아 제가 바로 잘못된 역사 교육을 체험한 산증인입니다. 저는 모로코의 초등학교나 중등학교 수업 시간에 잔즈 혁명이나 까라미타파 혁명에 대해 한 번도 들어본 적이 없습니다. 교과서는 이러한 역사적 사실을 전혀 언급하고 있지 않습니다. 저는 프랑스의 대학에서 공부할 때 처음으로 이러한 혁명에 대한 이야기를 듣게 되었습니다. 지배 권력과 사회적·인종적 차별에 대항하는 엄청난 투쟁과 항거가 있었다는 사실을 그때야 알게 된 거죠.

---

1   잔즈 혁명은 869년(헤지라 255년) 아바스 왕조 시기에 시작된 혁명이다. 반란자들은 사회적·경제적 억압에 대항해 봉기했다. 반란자들은 바스라 남쪽에 독립국가를 세웠으나, 곧 지방 권력에 진압당했다.
2   파티미드 왕조에 저항했던 반란자들은 899년에 국가를 설립했다. 까라미타파는 노동에 대한 존중과 수입의 공정한 분배를 바탕으로 한 사회주의적 독트린을 국가 원칙으로 수립했다. 이들은 930년(헤지라 317년) 메카에 침입해서 흑석을 훔쳤는데, 20년 후에 엄청난 돈을 받고 흑석을 돌려주었다. 까라미타파는 1027년경에 몰살당했다.

아도니스 문제는 우리가 알고 있는 역사는 독재자들의 역사이지 민중의 역사가 아니라는 사실입니다. 문화도 마찬가지입니다. 우리가 누리고 있는 문화는 권력을 가진 자와 지배자들의 문화입니다. 우리는 민중이나 그들의 반란을 절대 언급하지 않습니다. 그들의 열망에 대해서는 더더욱 함구하지요. 시민들의 권리는 완전히 무시한 채 신의 위임을 받은 칼리프와 그의 권력에 대해서만 떠들어대고 있습니다.

후리아 아랍 역사에서 배제된 중요한 사건들을 발견하려면 일단 엄청난 호기심이 있어야 하고, 또 금기시된 서적들을 선별할 수 있어야 한다고 생각합니다. 예를 들어 피라끄 바티니야firaq bāṭinīya(차별화된 정치적 관점을 가지고 있었던 바티니야 단체들[3]로 까라미타파도 이에 속한다)에 대한 역사는 학교에서 전혀 다루지 않습니다. 대학 내부에도 비밀경찰들이 항상 감시하고 있기 때문에 이러한 이름을 거론하는 것조차 불가능합니다.

아도니스 까라미타파는 평등과 공평한 분배를 강조하고 빈곤과 고난에 대항해 싸운 사람들입니다. 그들은 진보주의자들이었고 사회주의를 지지했습니다. 그들은 개인의 노동을 통해 공공의 부를 축적하고, 축적한 부는 다시 개인에게 분배해야 한다는 비전을 가지고 있었습니다. 또한 부의 재분배는 개인의 필요에 따라, 그리고 개인의 노동량에 따라 이루어져야 한다는 원칙을 가지고 있었습니다.

---

3   이단적 성격이 있어 사회의 적으로 간주된 단체들이다.

후리아　마르크스주의의 선구자라고 할 수 있겠군요. 이들은 3대 칼리프였던 우스만·Uthmān의 정책에 대항해 반란을 일으켰습니다. 무함마드의 사위인 우스만은 가족의 사유재산을 엄청나게 증식하고, 이를 통해서 우마이야Umayyad 왕조의 미래를 보장한 사람이지요.

아도니스　까라미타파는 결국 최초의 칼리프가 시행한 정책에 대항해 반란을 일으킨 사람들입니다.

후리아　무함마드의 두 딸과 결혼했던 우스만은 평민들이야말로 바로 칼리프라는 사실을 망각했던 것이죠. 지상에서 신을 대리하는 자가 가장 정의롭지 못한 사람이 되어버리고 말았습니다.

아도니스　이런 이유 때문에 우스만은 결국 체포되어 656년 메디나에서 살해되었습니다. 우스만에 대항해 메카, 이라크 쿠파, 이집트의 반란자들이 결집했습니다. 이 혁명은 상당히 정치적이었으며 동시에 거대한 저항운동으로 표출되었습니다.

후리아　흑인들의 혁명인 잔즈 혁명에서 반란자들은 인종주의와 사회적 불평등을 이슈로 내세웠지요.

아도니스　잔즈 혁명은 사회적 속박에 대항한 혁명입니다. 반란자들은 '인종' 간의 차이에 근거한 사회의 불평등을 없애야 한다고 주장했지요. 그들은 모두를 위한 공평한 정의를 주장하면서 시민권과 평등을 강조했습니다. 시민권은 피부 색깔이나 사회 계급으로 규정할 수 없다고 주장했습니다. 바로 평등을 향한 이러한 열망이 혁명을 일으킨 동기입니다. 이들은 아랍의 봄 시위자들보다 훨씬 더 급진적이고 진보적이었습니다.

후리아 그런데 결국 이들은 전투에 패해 모두 몰살당했습니다. 이슬람 역사는 이러한 학살로 가득합니다. 선생님이 저술하신 『알키탑』은 바로 이러한 역사를 서술하고 있습니다.

아도니스 이러한 역사적 상황 속에서 형성된 이슬람을 이야기할 때, 우리는 다음의 두 가지 차원을 분명히 구분해야 합니다. 하나는 이론의 차원인데, 이는 권력과 긴밀하게 관련되어 있습니다. 다른 하나는 입법과 실행의 차원입니다. 첫 번째 차원은 절대 불변의 차원이며, 다음과 같이 요약할 수 있습니다. 이슬람은 세 가지 요소를 기본으로 하는데, 첫 번째는 예언자 무함마드가 모든 예언자들의 전형이라는 사실입니다. 따라서 두 번째는 무함마드가 전달한 진리는 최종의 진리라는 것입니다. 마지막으로 개인이나 신도들은 어떤 경우에도 무함마드가 전달한 진리에 다른 것을 추가하거나 그 진리를 변형할 수 없습니다. 결론적으로 무슬림은 이러한 세 가지 원칙에 순종해야 합니다. 이슬람 역사를 통해 권력을 잡은 세력은 줄곧 이 원칙에 따른 이슬람의 불변성을 강조해왔습니다. 그런데 저는 바로 이러한 불변성에 문제를 제기하려고 합니다.

후리아 마치 자신의 꼬리를 물고 있는 뱀과 같다는 생각이 듭니다. 왕은 스스로가 하늘이라고 자처하고 하늘은 하늘의 계율을 실행하는 왕에 의해 숭배되는 거죠.

아도니스 '칼리프는 신의 위임자'라는 표현에 대해 한번 생각해볼

까요? 우리는 신의 대리자가 될 수 없습니다. 왜냐하면 신성에 위반되기 때문입니다. 무함마드 자신도 자신을 '신의 종이며 신의 의사를 전달하는 전달자'로 지칭한 사실을 기억해야 합니다.

후리아   그렇다면 왕은 지상의 위임받은 자라는 뜻인가요?

아도니스   논리적으로 인간은 신의 위임을 받은 자가 될 수 없습니다. 칼리프는 예언자가 될 수 있습니다. 그리고 그의 예언은 다른 선지자들의 예언처럼 오류를 범할 수 있습니다. 만약 칼리프가 신의 위임을 받은 자라면 그는 지상에 군림하는 신이라고 보아야 합니다.

후리아   칼리프들이 오류를 저지르지 않았다면 아마도 칼리프에 대한 반란도 없었겠지요. 다시 말해 칼리프나 군주에 대한 불만은 결국 신에게 불만을 가진다는 것과 같은 뜻이겠네요.

아도니스   신의 위임을 받은 자에게 반항하는 사람은 모두 배교자로 취급됩니다. 다시 말하면 이슬람은 이슬람 이전부터 존재해왔던 문명사회를 상대로 계속 투쟁을 벌였습니다. 이슬람은 이 투쟁에서 다양성을 전혀 인정하지 않는 통일된 세계관을 강요했습니다. 이 세계관은 어떠한 의도나 법, 행위도 신의 위임을 받은 자의 비전에 대적하지 못한다는 내용으로 요약됩니다. 이 내용을 풀어서 말하면 다음과 같습니다. '우리는 좀 더 나은 미래에 대한 바람을 가져서는 안 된다. 우리는 이슬람이 설립된 직후부터 통용되어왔던 정통적이고 교리적인 세계관을 글자 그대로 받아들이고 실행해야 한다.'

후리아   그렇다면 과거야말로 최고의 권위가 있으며, 절대 침범

할 수 없는 규범의 전형이라는 뜻이군요. 결국 과거에 집착하며 사는 아랍인이라면 그 누구도 혁명을 일으킬 권리가 없다는 뜻으로 해석할 수 있을 것 같습니다.

아도니스 만약 우리에게 미래가 있다면 그것은 과거에 갇혀 있는 미래입니다. 바로 거기서부터 역사의 순환이 계속됩니다. 우리는 과거의 잔재를 계속 뒤적거리면서 현재와 과거를 혼동하고 있습니다. 하지만 아랍 세계와 무슬림 가운데에는 항상 혁신가들이 있었다는 사실을 잊어서는 안 됩니다. 혁신가들은 모든 영역에 존재했습니다. 그리고 이러한 혁신가들은 칼리프나 군주가 강요하는 종교적 도그마를 신봉한 적이 절대 없습니다.

후리아 하지만 이러한 혁신가들이 결국은 정권의 억압을 당했다고 말씀하시지 않았나요?

아도니스 맞습니다. 그런데 좀 더 구체적으로 말하자면, 창조적인 아이디어를 가지고 있던 모든 사람과 문학, 철학, 음악 등의 분야에서 활동한 모든 사람, 즉 이슬람 문화와 아랍 문명을 이룩한 사람들은 원칙적으로 볼 때 무슬림이 아니었습니다. 예를 들어 위대한 시인 아부 누와스Abū Nuwās,⁴ 알무타나비al-Mutanabbī,⁵ 알마아리al-Ma'arrī⁶ 등은

---

4   아부 누와스는 페르시아 출신이다. 하룬 알라시드Hārūn al-Rashīd와 그의 두 아들이 살았던 궁정에서 생활했으며, 813년(헤지라 198년) 운명했다.

5   일명 무타나비라고 불리는 아부 알타이이브 아흐마드 이븐 알후사인 알주피Abū al-Ṭayyib Ahmad ibn al-Husayn al-Jūfī는 쿠파에서 태어났으며 965년(헤지라

정통 종교에 대항한 사람들입니다. 즉, 이슬람 문명을 꽃피운 건 정통 이슬람 교리를 무시한 사람들이지요. 이 점을 분명히 해야 합니다.

후리아 우리는 우리 종교의 토대가 무엇인지를 다시 생각해야 합니다. 여성 문제, 노예 제도, 입양 문제, 아동 인권 문제 등과 시민사회의 성원으로서의 개인의 역할과 시민사회 자체에 대한 재고가 필요합니다. 더군다나 아랍의 봄 혁명의 대가로 이슬람국가IS라는 거대한 괴물이 나타나면서 우리는 우리의 역사 인식을 검토해야 할 필요성을 절감하게 되었습니다.

아도니스 이 모든 문제를 놓고 볼 때, 우리는 아랍의 봄이 혁명도 아니었고 민중의 해방과도 전혀 관계가 없었다는 사실을 깨달을 수 있습니다. 아랍의 봄은 전형적인 독재정권의 반근대주의 성향을 그대로 답습했고, 아랍 세계의 모든 독재정권보다 더 끔찍한 만행을 저지르고 더 많은 피를 흘리게 했습니다. IS와 알누스라Al-Nusra 전선, 두 단체를 대표적인 예로 들자면, 이들 단체가 얼마나 폭력적인지 잘 알 수 있습니다. 그런데 더 중요한 것은 아랍 정권들이 외부 세력의 손아귀에서 놀아나는 인형에 불과했다는 사실입니다. 이들은 외부 세력에 의해 별로 중요하게 취급받지도 못하는 꼭두각시였으며, 그들의 의사와 관계

354년) 바그다드로 돌아가는 길에 암살되었다.
6   알마아리는 시인이자 철학자이다. 973년(헤지라 363년)에 시리아에서 태어났으며, 1057년(449년)에 운명했다.

없이 결정되는 정책이나 문제에 무지했습니다. 아랍 세계를 좌지우지한 것은 경제적·전략적 문제로 갈등 관계였던 미국과 유럽이며, 다른한편으로는 중국과 러시아, 그리고 기타 여러 나라의 갈등이었습니다.

후리아 결국 경제와 정치가 문제의 초점이라는 말씀이군요.

아도니스 맞습니다. 그동안 이슈가 된 대부분의 정치 담론이나정책 결정 사항들을 통해 우리가 확인할 수 있는 사실은 사우디아라비아와 카타르가 시리아 정권에 대항하는 반란자들에게 최초로 무기를제공하고 경제적으로 지원한 국가라는 사실입니다. 이러한 사실을 통해서 다음과 같은 결론을 내릴 수 있습니다. 즉, 이 모든 시위는 혁명이라기보다는 경제적·전략적 이해관계 때문에 발생한 갈등의 분출입니다.

후리아 아랍의 봄은 모하메드 부아지지Mohamed Bouazizi의 분신(존엄성이 침해받았기 때문에)으로부터 시작되었지요. 그리고 나서 이 사건을계기로 아랍 국가들은 무기를 앞세운 전쟁을 시작하게 되었습니다.

아도니스 초기에 시위가 일어난 계기는 민주주의의 확립과 시민의 해방을 위한 정권의 전복이 아니라, 경제력과 전략적 통제력을 강화하기 위한 것이었습니다. 시위의 내용에 상관없이 저항운동이 일어났던 정권은 모두 붕괴했습니다. 사우디아라비아와 카타르는 이러한혼란 속에서 아주 중요한 역할을 했는데, 지금은 이에 대해 아랍 세계가 모두 알고 있다고 생각합니다.

후리아 아랍의 봄 때문에 아랍 세계의 지도가 새로 그려졌다고

도 이야기하고 있습니다. 우선 이라크가 붕괴되었고요. 그다음으로 레바논과 시리아가 차례로 전쟁에 휩싸였습니다. 그리고 예멘을 향한 전쟁도 시작되었지요.

아도니스 실제로 근동 지역을 재편하려는 의도가 분명히 있었고, 이를 위한 전략이 세워졌습니다. 이 전략은 이슬람 내의 수니파와 시아파 사이의 분열과 분명히 연관되어 있습니다. 그리고 당시의 칼리프 국가를 둘러싼 갈등 또는 권력 확대 문제와 결부되어 있습니다. 이러한 갈등은 서구 세력이 그들의 이해관계에 따라 아랍 정권을 조종하기 시작하면서 촉발되었습니다.

후리아 이 모든 갈등은 전략·경제·정치·종교 문제가 모두 얽혀 있기 때문에 매우 복잡한 양상을 띠고 있다고 볼 수 있겠네요. 그런데 저는 개인적으로 이러한 갈등에 대한 분석과 더불어 심리적 갈등에 대한 분석을 추가해야 한다고 생각합니다. 메소포타미아 지역은 문명의 발상지입니다. 이러한 갈등으로 인명 피해만 생기는 것이 아니고 이슬람 이전에 존재했던 유적도 모두 파괴되고 있습니다. 이러한 파괴는 인간의 가장 본능적인 충동, 즉 파괴의 본능에 부응하고 호소하고 있는 것 같습니다.

아도니스 절대적으로 동의합니다. 이 지역은 전략적인 공격과 동시에 문화적인 공격을 받고 있습니다. 여러 분야에서 서서히 파괴가 진행되고 있다는 뜻이지요. 아랍의 봄은 결과적으로 완전한 실패라고 생각합니다.

2

다시 읽기가 절실한 이유
: 역사와 정체성

66 불행하게도 아랍 사상은 교리적이고 부족주의적인 사고방식에서 벗어나지 못하고 있습니다. 근대적이라고 불리는 아랍 사상도 마찬가지입니다. 꾸란의 근본 교리를 수정하고 그에 대해서 문제를 제기하는 것은 금지되어 있습니다. 모든 것은 원형 그대로 보존되어야 하며 이것은 고정된 불변성을 전제로 합니다. 우리가 아스르 안나다(부흥)라고 부르는 것은 결국 왜곡된 부흥에 불과했습니다. 전통적인 종교성과 부족주의적인 사고방식에서 벗어나지 못한다면 우리는 결코 역사를 재해석하거나 분석할 수 없을 것이며, 또한 절대 진보하지 못할 것입니다. 99

후리아 "역사가의 임무는 과거를 최대한 '객관적으로' 재구성하기 위해 '진실된' 역사를 밝혀내는 것이다. 현재로부터 분리되어 객관적으로 재구성된 과거는 일반적으로 현재와 구별되는 독립적 성격이 있으며 연속성도 없다."[1] 아랍 세계는 왜 아직까지도 근대적인 역사 연구 방법을 외면하고 있을까요? 우리는 왜 아직도 역사와 전설을 구별하지도 못하고, 헤지라 초기에 활동했던 타바리Tabari[2]와 이븐 카시르Ibn Kathīr[3]와 같은 학자들을 계속 인용하고 있는 것일까요? 왜 우리는 낡은 먼지들을 떨어내지 못하고, 현대적인 역사 연구 방법을 도입하지 못하고 있을까요?

아도니스 시를 예로 들자면, 아랍인들은 한 번도 아랍어의 미적인 측면이나 아랍어의 특수성에 관한 책을 저술한 적이 없습니다. 연구하는 자세와 개혁 정신이 결여되어 있다고 보아야 합니다. 오늘날까지 아랍인들은 의심을 품지 않는 민족으로 남아 있습니다. 역사적 관점에서 볼 때 아랍인들은 아랍-무슬림의 최초의 국가에 대해 아직까지도 객관적인 평가를 내리지 못하고 있습니다. 최초의 국가는 권력을

---

1   Marcel Detienne, *L'Identité nationale, une énigme*, Paris, Gallimard, ≪Folio≫, 2010.

2   타바리는 역사가이면서 동시에 신학자이다. 839년 타바리스탄에서 태어났다고 전해지며 923년에 바그다드에서 운명했다.

3   이븐 카시르는 꾸란 주석가이며 1300년(헤지라 701년) 시리아에서 태어났으며 1373년(헤지라 774년) 사망했다.

통해 세워졌으며 부족적 성향이 있었습니다. 여기서 말하는 부족은 다양성을 완전히 배제한 집단을 의미합니다. 무함마드의 부족인 꾸라이시족Quraysh은 무함마드가 죽자 칼리프 국가를 세웠는데, 이 부족은 단하나의 가족으로 구성되어 있었습니다. 즉, 한 가족이 국가를 세운 겁니다. 그리고 사끼파Saqīfa⁴ 이후로 이 전통은 계속되었습니다. 꾸라이시족 내에 존재하는 무함마드의 적들로부터 무함마드를 옹호했던 안사르Anṣār⁵들조차 검을 통한 권력 쟁탈전에서 밀려났습니다. 안사르들은 연맹을 제안했고, 사드 이븐 우바다 알안사리Saʿd ibn ʿUbāda al-Anṣārī는 권력을 공평하게 분배하자고 요구했습니다. 다시 말하면 꾸라이시족과 동등하게 정치에 참여하겠다는 일종의 민주주의를 제안한 것이지요. 하지만 우마르ʿUmar와 꾸라이시족은 이러한 권력 분배 제의를 거절했습니다. 사드는 결국 공격당했고, 다른 안사르들과 함께 사끼파에서 추방되었습니다. 즉, 권력은 일개 부족의 전유물이 되어버렸고, 그 후로 역사는 바로 이 부족의 권력을 통해 전개되었습니다.

후리아 그런데 왜 역사 서술 방식은 근대화되지 못했나요? 19세기 말과 20세기 초부터 아랍 세계에도 르네상스 운동이 일어났는데, 그 후 아랍 지식인들은 고대 문서들을 근대적으로 새롭게 해석하려는

4 사끼파는 메디나 사원의 서북쪽에 위치한 도시로서 무함마드가 서거하자 무슬림 공동체를 통치할 새로운 지도자를 뽑기 위해 무슬림이 집결했던 장소이다.
5 안사르는 '무함마드를 추종하는 사람들'이라는 뜻이다. 이들은 메디나에서부터 무함마드를 쫓아다녔던 사람들이며 최초의 무슬림이다.

시도를 전혀 하지 않았나요?

아도니스　제가 『고정적인 것과 유동적인 것Al-thābit wa'l mutaḥawwil』[6] 을 저술했을 때 대학교수들은 제가 역사를 다른 방식으로 읽거나, 다른 방식으로 해석한다고 이의를 제기했습니다. 그리고 제 작품을 깎아내 리기 위해 저를 아랍 역사를 왜곡하는 시아파라고 비난했습니다. 다시 말하면 그들은 제 작품이 개인적 성찰의 결과물도 아니고, 철저한 사고 와 연구를 통한 작품도 아니며, 빈약한 내용에 반복을 일삼는 전통적인 작품들과 완전히 단절하려는 간절한 바람을 통해서 쓴 것이 아니라고 주장했습니다. 그 대신 순전히 '수니파에 대한 적대감' 때문에 쓴 책이 라고 떠벌렸습니다. 저는 이 책에서 물론 수니파 국가에 관해 언급했으 며, 역사 속에서 수니파 국가에 대항해 반란을 일으켰던 혁명에 관해서 도 기록했습니다. 그런데 저를 비판했던 대학교수들은 제 주장이나 관 점을 반박하는 이론은 제시하지 못했습니다. 그들은 단지 제 출신 성분 을 트집 잡았을 뿐입니다. 이는 전형적인 부족주의의 태도이며, 객관성 을 유지해야 하는 연구자의 태도와는 거리가 멉니다.

후리아　그들은 선생님이 이데올로기의 목적 때문에 이 책을 저 술했다고 생각했군요. 이러한 비난에 대해 반론을 제기하셨나요?

아도니스　물론 제 작품이 제대로 읽혀지지도 않고 올바로 해석되

6　Adonis, *Al-thābit wa'l mutaḥawwil*, 4 volumes, Beyrouth, Dār As-Sāqī, 1973.

지 못한 것에 대해 마음속 깊이 매우 유감스럽게 생각했지만, 대학교수들의 비난에 공식적으로 반박하지는 않았습니다. 하지만 시간이 지나면서 이 책에 대한 평가가 긍정적으로 변하기 시작했어요. 사람들이 편견에서 벗어나게 되었기 때문입니다.

후리아 선생님의 책은 심지어 인도네시아어로 번역되었고, 그곳에서 큰 호응을 얻었습니다. 『고정적인 것과 유동적인 것』에 연관된 이야기를 듣다 보면 타하 후세인Taha Hussein과 그의 책인 『이슬람 이전에 쓰여진 시에 대하여Fī al-shi'r al-jāhilī』가 생각납니다. 타하 후세인은 이슬람 이전의 시를 인식론적으로 재평가했다는 이유로 열린 재판에서 작품을 다시 쓰라는 판결을 받았지요. 그런데 그의 작품은 종교를 비판한 것도, 꾸란 내용을 의심한 것도 아니었습니다.

아도니스 불행하게도 아랍 사상은 교리적이고 부족주의적인 사고방식에서 벗어나지 못하고 있습니다. 근대적이라고 불리는 아랍 사상도 마찬가지입니다. 꾸란의 근본 교리를 수정하고 그에 대해서 문제를 제기하는 것은 금지되어 있습니다. 모든 것은 원형 그대로 보존되어야 하며 이것은 고정된 불변성을 전제로 합니다. 우리가 아스르 안나다'aṣr an-nahda(부흥)라고 부르는 것은 결국 왜곡된 부흥에 불과했습니다. 전통적인 종교성과 부족주의적인 사고방식에서 벗어나지 못한다면 우리는 결코 역사를 재해석하거나 분석할 수 없을 것이며, 또한 절대 진보하지 못할 것입니다.

후리아 우리는 타하 후세인의 사례를 통해 한 가지 분명한 사실

폭력과 이슬람

을 알게 된 것 같습니다. 근본적인 문제는 타하 후세인의 비판적 태도였지 이슬람 이전 시대 시의 내용이 아니었습니다.

아도니스 '이슬람 정권'은 정치적·경제적 권력체로서 생성되었습니다. 만약 부족주의적 사고방식이 없었다면 이슬람 공동체가 그렇게 단시간에 비약적 발전을 이루기 어려웠을 것입니다. 다른 무엇보다도 부족주의적 사고방식으로 무장된 이슬람은 빠르게 권력과 통제를 위한 수단이 되었습니다.

후리아 방금 '빠르게'라는 표현을 쓰셨는데 이는 무함마드가 죽은 직후를 말씀하시는 건가요?

아도니스 네, 맞습니다. 앞에서 이미 언급했듯이 모든 드라마는 사끼파에서 시작되었습니다. 사실 사끼파에서 형성된 이슬람이 지금까지 아랍 세계를 지배하고 있습니다. 즉, 우리는 지속적으로 사끼파 시대에 머무르고 있는 것입니다. 15세기 이후부터 지금까지 무슬림들 사이의 전쟁은 계속되고 있으며, 드라마는 현재도 지속되고 있습니다. 즉, 우리는 아직도 중세시대에 살고 있다고 볼 수 있습니다.

후리아 마르셀 데티엔Marcel Detienne은 그의 책 『민족적 정체성, 불가사의L'Identité nationale, une énigme』에서 다음과 같이 말했습니다. "특정한 지역에서 태어난 우리는 그 지역의 생산물이 됩니다. 당연하지 않습니까? 결국 우리는 지역적 역사의 주체가 되는 겁니다." 저는 역사 속의 그 무엇인가가 아랍인들이 스스로 역사의 주체가 되는 것을 방해한다고 생각합니다.

아도니스 우리는 종교의 속박에 대한 이야기를 이미 나누었습니다. 이슬람은 스스로가 완벽하다고 믿었기 때문에 이슬람 이전과 이후에 존재하는 모든 것을 거부했습니다. 여기서 말하는 '모든 것'은 철학, 예술, 사상, 창조성, 세계관 등 모든 것을 지칭합니다. 사상은 폐지하고, 예술은 금지했습니다. 우리가 할 수 있었던 유일한 활동은 지배 권력을 찬양하는 것뿐입니다. 사끼파에서 일어난 드라마가 오늘날까지 계속되는 것입니다. 왜 사우디아라비아는 예멘을 상대로 전쟁을 벌일까요? 이 전쟁이 시작된 것은 역사 속에서 계속 문제가 된 부족주의적 사고방식 때문입니다. 그런데 우리는 침략 행위에 대한 논리적인 인과 관계를 따지지도 않고 무턱대고 전쟁을 치르고 있습니다. 전통적 관점에서 볼 때 '복종하는 자tabi'가 되는 것이 최우선이며 문제를 제기하는 것은 금기시되어왔습니다. 우리는 우리 역사에 어떠한 의문도 품을 수 없습니다. 우리는 그저 역사를 반복하고 재생산할 뿐입니다.

후리아 그리고 우리의 정체성도 계속 재생산되고 있습니다.

아도니스 정체성은 이미 규정되었습니다. 과거에 완성된 정체성은 오늘날까지 유일한 모델로, 그리고 유일한 본보기로 남아 있습니다. 우리는 과거와 단절되지 않는 통일성을 유지해야 합니다. 마찬가지로 정체성의 내용도 변함없이 계속 재생되고 있습니다. 무슬림이나 아랍 지역의 무슬림이 되기 원하는 사람은 이러한 정체성을 무조건 받아들여야 합니다.

후리아 심리학적으로 우리는 이러한 상태를 '멈추어버린 시간'이라고 표현합니다. 이는 고통받는 영혼의 경직된 시간이라고 볼 수 있습니다. 그리고 IS는 역사의 어두운 면만을 들추어내고 있습니다. 즉, IS는 위대한 학자인 아베로에스Averroës,[7] 알하젠Alhazen,[8] 또는 이븐 알아라비Ibn al-'Arabi[9]의 사상과 무타질라파Mu'tazilites[10]의 대담한 시도 등은 완전히 무시하고 있습니다.

  아도니스 IS는 권력 장악에 필요한 부분만 부각하면서, 사상이라든가 탐구적인 태도에 관한 부분은 철저히 배제하고 있습니다. 이는 다시 한번 우리가 사끼파 시대에 머물고 있다는 사실을 증명해줍니다. 따라서 이러한 관점에 의거한 정체성은 반복에 불과합니다. 이는 하나의 유산일 뿐 선택의 결과는 아닙니다. 개인은 아랍권 무슬림이나 무슬림으로 태어납니다. 그런데 여기에서 말하는 아랍권 무슬림은 시아파를 배제한 수니파이거나 수니파를 배제한 시아파를 의미합니다.

---

7   이븐 루시드(Ibn Rushd)라고도 한다. 1126년(헤지라 520년)에 코르도바에서 태어났으며 1198년에 마라케시에서 사망했다. 아리스토텔레스의 모든 저작에 주해를 달았던 철학자이다.

8   이븐 알하이삼(Ibn al-Haytham)이라고도 한다. 아랍의 가장 중요한 수학자 중한 사람이며 가장 위대한 물리학자이다. 965년(헤지라 354년)에 바스라에서 태어났으며 1039년(헤지라 430년)에 사망했다.

9   엄청난 양의 저작을 남긴 신비주의 사상가로서 1165년(헤지라 560년)에 무르시아에서 태어났으며 1240년(헤지라 638년)에 다마스에서 사망했다.

10   이슬람력 2세기 중반에 바스라에서 형성된 단체이며 오늘날까지 상당히 중요한 진보적 학파를 결성했다.

즉, 아랍의 역사는 두 종파의 끝없는 전쟁으로 점철되고 있습니다.

후리아　제가 이해하고 있는 역사적 사실에 부족한 점이 있다면 주저하지 말고 지적해주시기 바랍니다. 최초의 아랍권 무슬림 사회는 정복을 통해 부를 축적했다고 들었습니다. 칼리프 국가가 생기기 이전부터 말이죠. 예언자 무함마드가 직접 전쟁을 지휘했고 계속 승리함으로써 상당한 부를 축적할 수 있었습니다. 전리품이 엄청났기 때문이지요. 결국 최초의 무슬림 사회는 전쟁을 통해 부를 축적했다는 결론을 얻게 됩니다. 그 후에 3대 칼리프인 우스만이 자신이 속한 파벌의 부를 축적하기 위해 공공재산을 탕진했기 때문에 최초의 피트나 fitna(무슬림들 사이의 전쟁)가 일어났다고 들었습니다.

아도니스　모든 역사가가 우스만이 공동체의 형편과 상관없이 자기 가족의 재산을 증식하려고 어마어마한 재산을 낭비했다는 사실에 동의하고 있습니다. 방금 말씀하셨듯이 이슬람의 재산 증식은 전쟁과 정복을 통해 이루어졌습니다. 즉, 가니마ghanimah(전리품)를 통해 부를 축적했지요. 결국 이슬람은 초기부터 전쟁과 정복이라는 폭력을 통해 형성되었습니다.

후리아　가니마 외에 비무슬림들, 또는 무슬림으로 개종하지 않고 개인의 종교를 지키기 원한 사람은 세금을 내야 했지요. 그리고 여성은 전리품의 일부로 간주되었습니다. 정복자들은 여성을 노예로 부리거나 전쟁 포로로 팔 수 있었습니다.

아도니스　앞에서 언급했듯이 이슬람은 역사적으로 부족주의 정신을 바탕으로 세워진 종교입니다. 즉, 정복과 금전의 힘을 제일 중요하게 여겼지요. 현재 IS는 가니마를 통해서 부를 축적하고 있습니다. 그들은 석유, 가스, 은행에 보관된 현금, 그리고 여성 매매 등을 통해서 닥치는 대로 부를 증식하고 있습니다.

후리아 IS는 비무슬림에게 세금을 부과하고 여성을 전쟁 포로처럼 약탈하고 있습니다. 제가 생각하기에 IS는 역사의 어두운 면만을 부각시키면서, 무타질라파와 철학자들 또는 신비주의 사상가들의 계몽사상을 완전히 무시하고 있습니다.

아도니스 그런데 무타질라파는 무슬림 제도권에 포함된 합법적 '단체'가 아니었습니다. 신비주의 사상가들이나 철학자들, 그리고 시인들도 마찬가지로 제도권에서 인정받지 못했습니다.

후리아 무타질라파는 바그다드의 가장 중요한 사상을 형성한 학파인데요.

아도니스 무타질라파는 칼리프 한 명이나 두 명 정도와 특별한 관계를 맺었던 학파입니다. 이들의 문화는 알마문al-Ma'mūn 칼리프 시대에 비약적으로 발전했지요. 하지만 알무타와킬al-Mutawakkil이 칼리프로 등극하자 쫓기는 신세가 되었으며 대량 학살을 당했습니다.

후리아 아랍의 지식인들은 단 한 번도 제도권의 관심을 받은 적이 없고 지배 권력의 보호를 받은 적도 없다고 말씀하셨지요. 그런데 『고정적인 것과 유동적인 것』을 발표한 후 선생님은 계속 사상의 자유를 위해 투쟁하고 계십니다.

아도니스 이 책은 문제 제기에서 시작되었습니다. 왜 위대한 시인들 중 단 한 사람도 무슬림이 없는가? 제가 알기로 걸출한 시인들 중에서 신앙을 가졌던 사람은 단 한 명도 없고, 철학자들 중에서도 교리적 신앙을 가졌던 사람은 단 한 명도 없습니다. 아베로에스나, 아비센나Avicenna,[11] 라완디Rawandī[12] 등도 무슬림이 아니었습니다. 가잘리 Ghazālī[13]만이 예외적으로 무슬림인데 그는 후에 신비주의자가 되었습니다. 왜 아랍 문명에 속하는 신비주의자들이나 철학자들, 그리고 시인들은 피끄흐fiqh(이슬람 율법)나 종교적 교리, 그리고 이슬람 문화나 무슬림 문화와 전혀 관련이 없을까? 무슬림은 무엇을 의미하는가? 신비주의나 철학은 과연 피끄흐와 샤르shar'(율법)와 어떤 관계가 있는가? 문헌을 연구하면서 저는 시인이면서 동시에 무슬림인 인물을 전혀 찾을 수가 없었습니다. 프랑스 시인 클로델Claudel은 시인이자 가톨릭 교도였습니다. 무슬림 사상가나 철학자들 중에서는 유대인 철학자 에마뉘엘 레비나스Emmanuel Levinas와 같은 이들도 발견할 수 없었습니다.

11 이븐 시나(Ibn Sīnā)라고도 한다. 980년(헤지라 370년)에 출생했고 페르시아어가 모국어였으며 1037년(헤지라 428년)에 하마단에서 사망했다.
12 이븐 라완디(Ibn Rawandī)는 이슬람력 210년에 태어났으며 40세에 사망했다. 라완디는 무타질라파에서 활동하다가 탈퇴했으며, 이슬람의 위대한 무신론 사상가 중 한 사람이다.
13 아부 하미드 가잘리(Abū Hāmid Ghazālī)는 신학자, 법률가, 종교개혁가이며, 1058년(헤지라 450년)에 출생해 1111년(헤지라 505년)에 사망했다.

역사서들을 읽으면서 저는 계속해서 다음과 같은 질문을 하지 않을 수가 없었습니다. '왜 이슬람의 문학 전통은 창조성이나 상상력이 아니라 종교와 권력을 통해 형성되었을까? 마지막으로 왜 아랍 국가들은 위대한 시인들의 교훈을 등한시했을까?' 위대한 시인들은 제대로 알려지지도 못했습니다.

후리아 알무타나비조차 등한시되었나요?

아도니스 알무타나비도 거의 알려지지 못했습니다. 중등교육기관과 고등교육기관의 학생들이 알고 있는 시인은 몇몇에 불과합니다. 그런데 다른 위대한 시인들과 마찬가지로 알무타나비의 시도 거의 알려지지 않았습니다. 완전히 무시당했거나 잘못 이해되었기 때문입니다. 그래서 저는 이러한 전통을 바로잡는 작업에 착수하기로 결심하고 전혀 다른 역사를 쓰기로 마음먹었습니다. 다음 세대들을 위해 지평선을 개척한 셈이죠.

후리아 그런데 그 누구도 이러한 작업에 동참하는 것 같지 않습니다.

아도니스 불행하게도 그렇습니다. 하지만 최근에 문제 제기가 시작되고 있다고 생각합니다.

후리아 제가 선생님의 작업에 동참하는 사람이 없다고 말한 것은 다음 세대들 중 선생님보다 더 진보적인 문제 제기를 하는 사람이 없다는 뜻입니다. 무스타파 사푸안Moustapha Safouan 세대가 무스타파 지와르Moustapha Ziwar[14]나 타하 후세인 세대 이후에 등장한 것처럼 말이죠.

아도니스　문학 활동을 하는 사람들이 점차 이런 식으로 역사를 읽는 방식에 관심을 보이고 있습니다. 청년들도 마찬가지로 관심을 보이고 있고요. 『고정적인 것과 유동적인 것』은 계속 재판再版되고 있습니다. 역사와 문학 분야에서 일종의 고전이 된 것이죠. 지금까지 15판이 출간되었습니다. 지식인들이 좀 더 자유롭게 사고하게 되었기 때문이라고 생각합니다. 이제 우리가 이슬람 문화라고 부르는 문화의 토대와 이슬람의 근원에 대해 문제를 제기할 때가 된 것 같습니다. 하여간 지금까지 확인된 사실은 상당히 부정적입니다. 즉, 근본주의를 신봉하는 이슬람은 문화를 배제하는 종교입니다. 다시 말하면 아랍인들은 그들의 근원과 유산을 모두 무시하고 있습니다.

후리아　그렇다면 뒤이어 다음과 같이 질문할 수 있을 것 같습니다. 만약 우리가 위대한 아랍 지식인들(예를 들어 무스타파 사푸안)과 동일 선상에 있는 헤겔, 마르크스, 하이데거, 칸트, 라캉, 프로이트, 푸코의 작품과 그리스 고전 등을 접하게 된다면, 우리는 과연 타바리나 이븐 카시르 같은 학자에게 관심을 가지게 될까요? 우리 문화에 대한 무시는 바로 이러한 이유 때문에 발생한다고 생각합니다. 주위에 산재한 보편적 지식 때문에 우리는 고대의 신학적 유산을 뒤적일 여유가 없는

14　무스타파 지와르는 아랍 세계에 정신분석을 도입한 사람이다. 그는 아랍 세계 [카이로의 아인 샴(Ayn Shams) 대학교]에 최초로 심리학과를 설립했다. 1907년에 이집트에서 태어났으며 1990년에 사망했다.

　　　　　　　　　　　　　　　　　　　　　폭력과 이슬람

것이죠.

아도니스 선생님의 의견에 전적으로 동의합니다. 그런데 한 가지 아주 명백한 사실이 있습니다. 오늘날 아랍 문화는 전혀 존재하지 않는다는 사실입니다.

후리아 왜 그렇습니까?

아도니스 제 말은 세상을 변화시키는 창조적인 아랍 문화가 존재하지 않는다는 뜻입니다. 프랑스 문화나 미국 문화를 논할 수 있는 것은 프랑스나 미국에서는 문제 제기가 가능하기 때문입니다. 아랍에서는 문제 제기 자체가 불가능하기 때문에 온전한 아랍 세계관이 존재한다고 말할 수 없습니다. 왜냐하면 이슬람이 아랍 세계의 세계관을 규정하기 때문이지요. 무슬림은 너무나도 구식이고 완전히 폐쇄적인 이슬람 비전을 통해서만 세상을 바라보고 있습니다. 이슬람은 바깥세상이나 외부, 다른 문화와 소통하는 데 전혀 관심이 없습니다. 이슬람이 바로 완전한 문화 그 자체이기 때문이지요. 이슬람은 불변하며 지구가 종말을 고하는 그 순간까지 불변의 상태로 남아 있을 것입니다. 고대의 이슬람 문명과 비교해볼 때 새로운 것이 과연 있을까요?

후리아 아마도 이야기를 구성하는 방식에 대한 새로운 시도, 그리고 그리스 문화유산과 종교를 접목하려고 시도했던 아랍 철학이 새로운 시도가 아닐까 합니다. 그리고 신비주의도 빼놓을 수 없지요.

아도니스 저는 현재에 관해 이야기하고 있는 것입니다. 그리고 신비주의는 무슬림 문화에서 항상 열외로 취급되었다는 사실을 잊어서는 안 됩니다. 마찬가지로 종교와 철학을 접목하려고 노력한 철학적 전통은 이미 오래전에 사라졌습니다.

후리아 교리를 준수하는 신학자와 율법학자들은 철학과 마찬가지로 신비주의를 항상 등한시했습니다. 비록 오늘날 신비주의 책을 읽는 독자가 전혀 없지만 신비주의는 아랍 사회 지성사의 일부를 차지하고 있습니다. 물론 철학 책도 마찬가지라고 봅니다.

아도니스 이런 이유 때문에 제가 아랍인들은 자신들의 근원과 유산에 대해 무지하다고 말하는 것입니다. 그들은 내면 깊숙이 근본주의 종교 비전을 가지고 있기 때문에, 아랍어로 된 책조차 읽기를 거부하고 있습니다. 비통하게도 아랍인들은 자신들의 중요한 유산들을 기록한 언어인 아랍어 자체를 무시하고 있습니다.

후리아 어떻게 계몽주의 사상을 체화하고 서구의 철학을 접한 아랍 지식인들 대부분이 종교 비전을 극복하지 못하고 있을까요?

아도니스 우선 두려움 때문이지요. 두 번째로 아랍 사회에서 비판적 시각을 가진다는 것은 곧 그 사회에 선전포고하는 것과 다름없다는 사실을 염두에 두어야 합니다. 비판이 곧 행동으로 해석됩니다. 또한 가지 말해야 할 것은 오늘날 우리 사회에 탁월한 예술가가 없다는 사실입니다. 종교, 신, 신앙, 존재, 예술, 언어 등에 근본적인 질문을 던지는 작가가 단 한 명도 없습니다. 작가들 중 그 누구도 우리의 전통과 문화에 핵심적인 질문을 하지 않습니다. 오늘날의 문학 작품은 그저 과거의 작품을 답습하고 있습니다.

후리아 우리가 우유를 마시듯 두려움을 삼키고 있는 사회에서, 그리고 비판적인 사상은 예외 없이 금지되는 사회에서 과연 탁월한 문학가가 나올 수 있을까요? 우리의 근원과 유산에 문제를 제기하는 즉시 추방당하거나 억압받을 위험이 있는 사회에서 비판이 과연 가능할까요?

아도니스 이것은 상당히 복잡한 문제라고 생각합니다. 여러 종류의 속박이 우리 사회에 존재합니다. 그중에서 한 가지 분명하게 짚고 넘어가야 할 사실이 있습니다. 서양 철학서를 탐독한 아랍인과 이미 서구의 사고방식에 물들어 있는 아랍인은 이제 아랍 문화에 속하지 않는다고 보아야 합니다. 따라서 이들은 유럽 문화와 그들이 속한 나라 사이에서 방황하고 있습니다. 그들은 본국에서 널리 알려지지도, 인정받지도 못하고 있습니다.

후리아 아랍의 지식인들은 이중으로 고통받고 있군요. 이중으로 추방당해서 이중의 망명 생활을 하는 셈인 것 같습니다.

아도니스 아랍 문화는 오늘날까지도 변화를 추구하는 모든 움직임을 제지하고 금지하고 있습니다. 전통 종교에 의해 규정되는 관점을 거부하는 사상가는 공동체에서 추방됩니다. 이들은 배신자로, 그리고 배교자로 낙인찍히게 됩니다. 따라서 개개인은 통일된 소속감에 의해 통제되는 사회에 살고 있습니다. 이는 역사 문제와 관련이 있습니다. 우리가 '이슬람'이라고 부르는 문화는 아랍인들 사이에서조차 다양성을 인정하지 않습니다. 이슬람은 예술을 비난하고 이슬람 이전에 존재했던 아름다운 유산을 모두 파괴했습니다. 예술은 단순하게 집을 장식한다거나 노래를 작곡하는 것과 비교할 수 없습니다. 예술은 세계관을 반영하며 세상과의 관계성에 기반을 둡니다.

후리아 꾸란은 이슬람 이전의 시기를 자힐리야jāhilīya, 즉 무지의 시대라고 부릅니다. 이는 이슬람 이전에 존재한 페르시아 문명과 이집트 문명, 메소포타미아 문명을 경멸하는 것이며 동시에 철저히 거부하는 것이기도 합니다. 따라서 꾸란이 추구하는 사회는 로마 사회와 비교해 더 퇴보한 사회 형태라고 볼 수 있습니다.

아도니스 무슬림 문화는 그 이전의 문화에 비해 문화적으로 퇴보했습니다. 이슬람은 상업과 권력에 기초한 부족 문화를 통해 부흥했습니다. 이슬람 초기 설립자들이 모두 상인이었다는 것은 누구나 다 알고 있는 사실입니다. 무함마드의 첫째 부인인 카디자Khadīja도 상업에 종사했으며, 아부 바크르Abū Bakr,[15] 우마르,[16] 우스만도 상인이었습니다. 상인들의 집권 형태는 로마제국뿐만 아니라 그 시대 아랍인들의 집권 형태와 비교해볼 때 상당히 후진적이었습니다. 아라비아반도에 어떤 부족의 족장인 사자Sajāh[17]라는 여성이 있었습니다. 아라비아반도에서 이슬람화가 시작되기 전에 그곳에 거주하던 여성들은 상

---

15 무함마드의 동역자이자 장인으로 초대 칼리프이다.
16 무함마드의 장인으로 아부 바크르를 계승한 2대 칼리프이다.
17 사자는 초대 칼리프인 아부 바크르가 통치하던 시대에 이슬람을 상대로 전쟁을 치른 여성 예언자이다.

폭력과 이슬람

당히 자유로운 지위를 누렸으며, 부족 내에서 고위직에 종사할 수도 있었습니다. 메카는 '무알라까트Mu'allaqāt'[18] 서사시가 탄생한 무대인데, 저는 개인적으로 '무알라까트'는 세계적 수준의 위대한 시라고 생각합니다. 무함마드가 받은 계시를 '무알라까트'에서 사용한 언어로 썼다는 사실은 이 시의 탁월함을 증명합니다. 아랍인들은 새로운 눈으로 그들의 역사를 다시 읽어야 합니다.

후리아 타하 후세인은 이슬람 이전의 시에 대해 명상하면서 엄청난 사실을 밝혀냈습니다. 타하 후세인을 처벌한 판사들은 이슬람이 시에 별로 호의적이지 않다는 사실을 분명히 알고 있었습니다. 논리적으로 볼 때 판사들은 오히려 타하 후세인의 발견에 박수갈채를 보냈어야 했습니다. 하지만 권력자들은 후세인에게 그의 주장을 철회하라고 종용했습니다. 실제로 문제가 된 것은 후세인의 사상이었지요. 즉, 이슬람 이전의 시에 대한 애착이 문제가 아니라 타하 후세인의 사상과 혁신적인 태도가 문제였습니다.

아도니스 맞습니다. 이 시점에서 분명히 짚고 넘어가야 할 사실이 있습니다. 이슬람 이전의 시는 개인의 사상을 토대로 쓴 것이며 사랑을 노래하고 주관적인 관점을 내포하고 있습니다. 제가 방금 말씀드렸듯이 무함마드의 계시를 그 이전에 존재했던 시의 언어로 표현했다는 것은 간단히 말해서 이 시의 언어가 무한한 풍부함과 심오함을

---

18 이슬람 이전에 쓰인 서정시이다.

내포하고 있다는 것을 뜻합니다. 하지만 이슬람이 정착되면서 상업이 우선시되고 군대가 모든 것을 장악해버렸습니다. 군대의 거듭되는 승리로 이슬람은 계속 부강해졌으며 결국 세계를 지배하게 되었습니다. 덧붙여서 말하고 싶은 것은 이슬람이 초기부터 이웃 국가들과 적대 관계였던 것은 아니라는 사실입니다. 예를 들어 시리아는 이슬람을 상대로 전쟁을 벌이지 않았습니다. 오히려 비잔틴제국의 박해를 받았던 바그다드, 다마스쿠스, 이집트는 무슬림을 환영했습니다.

후리아 그 시대의 관습에 대해 한마디 덧붙이겠습니다. 이슬람은 다른 모든 종교와 마찬가지로 기독교를 배척했습니다. 하지만 메카에서 탄압받던 최초의 무슬림들이 소말리아반도에 망명했을 때, 그 지역을 다스리던 나자시Najāshī 왕의 보호를 받았는데, 나자시 왕 본인은 기독교인이었습니다. 나자시 왕은 이들에게 안식처를 제공하고 그들의 종교를 유지하도록 허락했습니다.

아도니스 최초의 무슬림들은 소말리아반도로 망명해 목숨을 구할 수 있었습니다. 그럼에도 불구하고 그 뒤의 기독교인들은 이슬람에 의해 권리를 박탈당하고 박해를 받았습니다. 이 부분에서 한마디만 덧붙이겠습니다. 상당히 폐쇄적인 종교관에 사로잡혀 있는 자들이 권력을 손에 쥐고 나라를 다스리면 이들은 절대로 시민의 권리나 평등성에 기초한 국가나 사회를 세울 수 없습니다. 인류 역사 초기에도 그랬고, 오늘날에도 마찬가지입니다.

후리아 지그문트 프로이트Sigmund Freud는 유대주의의 성립을 모세라는 인물의 해체를 통해 설명했습니다. 모세는 이집트 사람으로서 이집트 땅에서 노예로 있던 히브리인들을 해방시키기를 원했던 인물입니다. 여기서 우리는 두 가지 메시지에 주목해야 합니다. 첫 번째는 외부인이 설립자가 되었다는 사실이고, 두 번째는 해방에 대한 갈망을 통해 민중의 신앙이 생성되었다는 사실입니다. 그런데 무슬림들은 처음부터 부족에만 집착하고, 부족에 대한 소속감이나 가족에 대한 소속감에만 관심을 가졌습니다.

아도니스 이슬람 자체가 완벽한 해결책을 제시하기 때문에 이슬람 세계관은 사랑이라든가 죽음, 자유에 관한 존재적 질문을 모두 폐기해버렸습니다. 따라서 죽음, 사랑, 자유에 대한 문제는 전혀 고려의 대상이 되지 않거나 엄격한 종교적 범주 안에서만 논의되었습니다. 이러한 삶의 문제들은 모두 이단이라고 취급되거나 신앙심의 부족에서 나오는 문제라고 생각했습니다.

후리아 이슬람에 대한 재검토가 절대적으로 필요하다고 생각합니다. 이슬람이 유대교나 기독교와 다른 점은 창시자의 죽음을 부정하는 데 있습니다. 『알키탑』에서 이미 말씀하셨듯이 무아위야Mu'āwiya, 아부 바크르, 우스만, 알리'Alī 등은 죽지 않고 살아 있다고 간주됩니다. 저는 죽음이야말로 모든 담론의 기초를 제공한다고 생각합니다. 죽음을 배제하고 역사를 논할 수는 없습니다.

아도니스 이슬람에는 죽음에 대한 고민도 없고 그 외의 문제에 대한 고민도 없습니다. 꾸란의 언어는 아름답긴 하지만 수사학적이고 비인격적이라고 볼 수 있습니다. 반대로 시는 본질적으로 인간 존재에 대한 문제를 다룹니다. 즉, 시는 생동적이며 창조적이고 대부분 개인 문제를 다룹니다. 아랍의 시인들은 꾸란의 언어를 미학적인 측면에서 평가하면서, 꾸란이 마치 이슬람이 도래하기 전에 이미 존재했던 세계 언어의 일부인 것처럼 생각하고 있습니다. 이미 번역된 아랍의 시인 임루 알까이스Imru' al-Qays의 언어도 마찬가지로 아름답고 강렬한 감동을 줍니다.

후리아 이런 의미에서 왜 무스타파 사푸안이 베르나쿨라vernacula[19]에 대한 견해를 피력했는지 이해할 것 같습니다. 만약 꾸란을 다른 언어로 번역한다면 무슨 내용이 남을까요?

아도니스 바로 이러한 이유 때문에 저는 꾸란을 글자 그대로 번역하지 말고, 그 의미를 번역해야 한다고 생각합니다. 반면 꾸란을 절대 모방할 수 없다고 생각하는 문학 비평가들은 꾸란의 내용을 중요시하며 언어 자체는 중요하지 않다고 생각합니다. 이러한 관점에서 우리는 메디나에서 쓴, 대단히 아름다운 꾸란 텍스트에 견줄 만한 시나 산문들을 발견할 수 있습니다. 하지만 아랍의 어떤 시인이나 작가도 꾸란의 언어를 모방하려고 시도하지 않았습니다.

---

19 Moustapha Safouan, *Pourquoi le monde arabe n'est pas libre: politique de l'écriture et terrorisme religieux*, Catherine & Alain Vanier 영어에서 프랑스어로 옮김, Paris, Denoël, 2008 참조.

3

근원에 대한 재고

      우리는 신 자신도 사탄과 대화했다는 사실을 잊어
서는 안 됩니다. 그런데 현재 모든 대화가 완전히 단절되
고 말았습니다. 대화를 거부한다는 것은 스스로를 폐쇄하
는 것이며, 이러한 폐쇄는 폭력을 초래합니다. 개인의 활
동은 가르침에 충실한 집단 안에서만 가능합니다. 다른
종교를 믿는 자들은 이 세상과 저 세상에서 모두 협박을
받게 됩니다. 오늘날 자신의 진실을 방어하거나 또는 비
무슬림들에게 진실을 강제해야 한다는 이유로 무력에 근
거한 폭력을 휘두르는 사람들은 실제로는 진실을 파괴하
고 있으며 동시에 자유를 파괴하는 것이기도 합니다. 따
라서 오늘날 우리가 해야 할 첫 번째 작업은 아랍 세계를
압박하고 있는 모든 직간접 구속과 폭력으로부터 학술 연
구를 해방시키는 것입니다. 진실이 자유롭게 표현되지 못
하는 사회는 종속된 사회이기 때문입니다.

후리아   메소포타미아는 위대한 문명인 수메르와 바빌로니아 문명의 발상지입니다. 바로 이 지역에서 문자가 발명되고 신의 존재가 탄생했으며 후에 기독교의 구약과 꾸란에서 인용된 설화들이 생성되었습니다. 일신교의 도래를 어떻게 생각하십니까?

아도니스   제 생각으로는 일신교는 두 가지 사건에 의해 탄생했습니다. 첫 번째는 경제 개념의 발전, 두 번째는 권력에 대한 개념의 발전입니다. 이 두 요소를 통해 다신교 사회인 위대한 고대 세계가 전복되고, 다양성에 대한 가능성이 제거되었습니다.

후리아   일신교는 신에 대한 개념에서 시작되었지요.

아도니스   하늘과 땅에 유일의 통치자만이 존재한다는 개념입니다. 일신교로 대표되는 이러한 개념은 지상에서 경제력과 권력이 승리하면서 자리 잡게 되었습니다. 이슬람은 권력이 승리한 경우에 속합니다.

후리아   제가 이해한 바에 의하면 종교 권력은 바로 정치·사회 권력으로 전환되었습니다. '유일한 일인자'가 모든 영역을 지배하게 된 것이지요.

아도니스   실제로 모든 것을 변화시킨 것은 권력입니다. 이슬람은 상업의 중심지인 메카에서 생성되었습니다. 상업이 번성했던 메카는 상업 활동을 활발하게 하기 위해 한 명의 통치자만이 필요했습니다. 메카는 한 명의 지배자 밑에서 모든 부족이 통일되기를 원한 것입니다.

후리아   그 시대는 동시에 강력한 지배 세력이 부상하던 시기지요. 메카는 상업의 중심지였기 때문에 강한 통치력이 필요했습니다. 하지만 메카는 식량 공급을 다른 도시에 의존한 도시입니다. 알야마마Al-Yamāma나 사나Sanaa 같은 오늘날 사우디아라비아와 예멘에 속한 도시들에서 곡물과 식료품을 공급받았습니다.

아도니스 그 시대에 상업이 성공할 수밖에 없었던 것은 고대 사회에 종말이 왔기 때문입니다. 비잔틴제국은 아랍 세계를 공백 상태로 남겨놓았습니다. 시리아는 무슬림들에게 즉시 문호를 개방했는데, 대부분 네스토리우스파에 속했기 때문에 비잔틴제국의 탄압을 받았던 시리아인들은 무슬림을 구원자라고 생각했습니다. 시리아인들은 무슬림을 양팔을 벌려서 환영했어요. 무슬림들은 계속 승리를 거두면서 부를 불렸지요. 그들은 경제적으로 부유해지면서 세력을 키우게 된 거예요. 그들이 이렇게 승리를 거두면서 부를 축적할 수 있었던 것은 당시 그들과 상대할 만한 적이나 군대가 없었기 때문입니다. 아랍인들은 초기에 무슬림을 상대로 전쟁을 일으키지 않았습니다. 어쨌든 그리스나 로마에서와 같은 전쟁은 없었습니다.

후리아 선생님이 저술하신 『푸투하트Futūhāt(정복자들)』를 다시 읽어야 할 것 같습니다. 이 책에서 무슬림이 정복한 나라들의 사회 경제 구조를 분석하셨지요?

아도니스 『푸투흐 알불단Futuḥ al-Buldan』[1]을 꼭 읽어보시기 바랍니

---

1 알발라드후리(al-Baladhuri)라고 알려진 아흐마드 이븐 야햐 이븐 자비르 이븐

다. 이 책에서 무함마드 시대의 전쟁은 부족들 간의 전쟁이었다는 사실을 확인할 수 있습니다. 아랍의 통일과 함께 강력한 군대가 조직되고 통치자들이 부강해지자, 엄청난 부를 축적한 정복 대상 국가들은 아주 쉽게 무너졌습니다. 그들은 아무런 저항도 하지 않고 항복했어요.

후리아 로마 황제 마르쿠스 아우렐리우스Marcus Aurelius는 야만인이라고 간주되었던 사람들에게 시민권을 부여했습니다. 이슬람은 다른 종교나 문명에 비해 나중에 생성되었습니다. 하지만 이슬람은 관용이나 다양성에 대한 존중, 그리고 시민권 문제와 노예 제도 철폐 등의 문제에 대해 그 이전에 존재했던 문명들보다 더 퇴보적인 정책을 펼쳤습니다.

아도니스 이슬람은 그 반대로 과거 문명이 이룩한 유산과 미래에 도래할 유산을 모두 공격했습니다. 이슬람이 근본적으로 간직하고 있는 것은 경전과 율법, 선지자들, 이 세 요소뿐입니다. 이 세 요소에 덧붙일 수 있는 것은 교리화된 마술적 사상입니다.

다와드(Aḥmad ibn Yaḥya ibn Djabir ibn Dawad)가 지었으며, 그는 892년(헤지라 279년)에 사망했다고 전해진다.

무함마드의 계시 내용은 과연 무엇인가?

후리아　에드워드 키에라Edward Chiera는 그의 저서 『바빌로니아의 서판들Les Tablettes babyloniennes』에서 "사고하는 인간은 항상 그의 과거에 관심을 가진다"[2]라는 말을 했습니다. 우리는 우리 종교의 근원에 대해, 그리고 그 종교의 원칙과 세계관에 대해 근본적으로 다시 생각해야 합니다.

아도니스　우선 폭력은 세 일신교에 모두 나타나는 현상입니다. 그런데 성경에 나타나는 폭력은 구속과 해방을 경험한 백성의 역사와 관련되어 있습니다. 그리고 기독교의 폭력은 교회의 설립에 한정됩니다. 반대로 이슬람의 폭력은 특별히 정복과 관계되어 있습니다.

후리아　타바리의 『연대기Tārīkh』 등의 역사서를 보면 무슬림의 종교는 억압과 폭력으로 점철되어 있습니다.

아도니스　이슬람 전체 역사가 이를 증명합니다. 이슬람은 힘을 통해 세력을 확장했으며, 결국 정복의 역사가 되고 말았습니다. 점령당한 사람들은 개종하거나 세금을 바쳐야 했습니다. 따라서 이슬람의 폭력성은 이슬람 창립 초기부터 쭉 내재해왔다고 볼 수 있습니다.

후리아　『알키탑』에서 무함마드가 사망한 직후 그가 거주했던 도시에 만연했던 폭력에 대해 말씀하셨습니다. 이제 그동안 터부시해온

2　　Edward Chiéra, *Les Tablettes babyloniennes*, Paris, Payot, 1940.

주제를 논의해보기로 하겠습니다. 즉, 꾸란에 담겨 있는 폭력입니다.

아도니스 꾸란은 상당히 폭력적인 내용을 담습니다. 꾸란의 80개 절이 지옥에 대한 내용을 담습니다. 그리고 66개 절은 천국에 대한 내용을 담으며, 72개 절은 천국을 영원한 쾌락의 장소로 묘사합니다. 쿠프르kufr(불신앙)와 그와 관련된 내용은 518개 절에 나오고, 지옥에서의 고문과 그에 관련된 내용은 370개 절에 묘사됩니다. 3000개 절 중 518개 절이 형벌에 관한 내용이며, 지옥에 관해서는 80번에 걸쳐 묘사합니다. 다음과 같은 구절을 인용해보겠습니다.

> 믿음을 갖지 않고 죽는다면 [……]
> 그들의 일은 현세와 내세에서 아무 열매도 맺지 못하고
> 불지옥의 거주자가 되어
> 그곳에서 영원히 기거할 것이라.[3]

그런데 꾸란에는 성찰이나 은혜, 이성의 긍정적 측면 또는 창조성에 관한 절은 하나도 없습니다. 꾸란에 야타팍카룬yatafakkarun(생각하다, 고찰하다)이라는 표현이 나오는데, 이는 꾸란에 이미 나와 있는 가르침을

---

3   꾸란 2:217. 첫 번째 숫자는 수라(장)이고 두 번째 숫자는 절이다. 이 책에서는 데니스 마송(Denise Masson, Paris, Gallimard, 1967)의 번역을 사용한다. 꾸란 전체의 논리적 일관성을 위해서 저자들은 일부 절을 수정했다.

잘 적용하기 위해 그 가르침의 내용을 기억하라는 뜻입니다.

후리아 꾸란의 논리에 따르면 평생 선행을 베풀고 살았지만 불신앙자로 생을 마감한 사람은 결국 지옥에 떨어지고, 악행을 저질렀지만 이슬람으로 개종한 사람은 모두의 부러움의 대상이 됩니다. 이러한 악몽 같은 현실을 완화시키고 신비주의적인 글과 신학적인 글의 차이점을 강조하기 위해 이븐 아라비Ibn 'Arabī는 다음과 같이 설명합니다. "쿠프르는 아랍 어원학적으로 관찰자로서의 착각과 실책을 의미하지 불신앙을 지칭하지 않는다."

아도니스 맞습니다. 하지만 신학자들은 이를 불신앙으로 해석하고, 불신앙자들은 형벌을 받아 마땅하다고 주장하고 있습니다. '불신앙자들'에 대한 판결은 단호합니다.

> 하나님의 말씀들을 배반하는 자
> 그들에게는 엄한 벌이 있을 것이라.
> – 하나님은 강하사 그들을 패배하게 하시느니라.[4]

그리고 다음의 구절도 인용할 수 있습니다.

> 우리의 계시를 불신하는 자들을 [……]

---

4   꾸란 3:4.

화염 속으로 들게 할 것이다.

그들의 피부가 불에 익어

다른 피부로 변하니

이는 그들에게 고통을 맛보게 하기 위함이다."[5]

후리아 영원한 체벌의 한 형태인 피부의 제거와, '개인을 상징하는 피부'에 대한 모욕을 담은 구절은 우리가 '여성들'이라고 부르는 꾸란 구절에도 나타난다는 사실을 말씀드리고 싶습니다. 타바리부터 파크르 알딘 알라지Fakhr al-Dīn al-Razī[6]에 이르는 꾸란 주석가들은 영원한 체벌을 위해 피부가 재생된다는 사실을 강조했습니다. 어떤 주석가들은 피부의 재생이 정확하게 7000번 반복된다고 하고, 다른 주석가들은 피부 재생은 영원히 계속된다고 합니다.

아도니스 체벌을 고무하는 문화에 젖어 있는 무슬림 개개인은 종교의 가르침에 복종하도록 강요받고 있습니다. 이슬람이 권면하는 길에서 벗어나는 모든 사람은 벌을 받게 되어 있습니다. 왜냐하면 이슬람이 유일한 종교이기 때문입니다. 꾸란의 한 구절을 인용해보겠습니다.

5   꾸란 4:56.
6   파크르 알딘 알라지는 역사가이면서 신학자이다. 1149년 이란에서 태어났으며 1209년 아프가니스탄에서 사망했다.

이슬람 외에

다른 종교를 추구하는 자

결코 수락되지 않을 것이니.[7]

또는 다음과 같습니다.

오늘 너희를 위해 너희의 종교를 완성했고

나의 은혜가 너희에게 충만하게 하였으며

이슬람을 너희의 신앙으로 만족하게 하였노라.[8]

꾸란에는 이론적인 폭력과 실천적인 폭력에 관한 내용이 묘사되어 있습니다. 이론적인 폭력이 실천적인 폭력을 촉발합니다. 예를 들어 개인은 실제 신앙생활에서 다른 종교로 개종하기 위해 부모의 신앙이나 그가 속한 공동체의 신앙을 거부할 수 없습니다.

후리아 꾸란의 많은 절은 부모나 공동체의 종교가 아닌 다른 종교를 택하는 개인의 선택이나 자유를 배교 행위로 간주하며 엄중하게 벌해야 한다고 묘사합니다. 종교는 선택으로 결정되는 것이 아닙니다. 이슬람 외에 다른 종교를 택한 개인은 지상에서는 참수형에 처해

---

7   꾸란 3:85.

8   꾸란 5:3.

지며 내세에서는 신의 가혹한 형벌이 가해집니다.

아도니스 이 문제를 직접 언급하는 절이 있습니다. "주여 대지 위에 한 사람도 불신자로 버려두지 마옵소서."9 이 구절을 읽는 무슬림은 신의 의지를 실현하기 위해 지하드에 나서고, 그가 가진 모든 수단을 동원하여 '불신앙'에 대항해 싸우도록 권유받습니다. 이러한 전투적 행위는 폭력으로 여겨지지 않는데, 그 이유는 이러한 행위야말로 이슬람의 승리이며 신의 의지로 해석되기 때문입니다. 결국 우리는 이슬람에 폭력이 내재되어 있다고 확언할 수 있습니다. "우리는 그들에게 징벌을 가해서 그들을 구렁텅이에 빠뜨렸습니다."10 "가장 격렬한 응벌이 있을 그날 하나님은 고통스러운 벌을 내리리라."11 "하나님은 그들이 부활의 날에 장님과 벙어리와 귀머거리가 되어 고개를 숙여 모이게 하리라. 그들의 거주지는 지옥이 될 것이다. 그 불이 약하여질 때는 그들을 위하여 불길을 강하게 하리라."12

후리아 같은 수라(수라 17)에 다음과 같은 말씀도 있습니다. "하나님이 어떻게 그들 가운데 우열을 두었는지 보라."13 이것이 바로 신의 의지에 대한 원칙입니다. 구원받거나 구원받지 못하는 것은 모두 신

---

9 꾸란 71:26.
10 꾸란 7:135.
11 꾸란 44:16.
12 꾸란 17:97.
13 꾸란 17:21.

의 선택, 즉 그분의 의지에 달려 있습니다.

아도니스 신의 선택을 받지 못한 사람들에 대해 다음과 같이 기록되어 있습니다. "그들의 얼굴이 불지옥으로 들어가게 되는 날." 다음과 같은 구절도 있습니다.

> 불신하는 자들은 불길에 옷이 찢기며, 머리 위에는 이글대는 물이 부어지리라. 그것으로 인하여 그들의 내장과 피부도 녹아내릴 것이라. 그 외에도 그들을 벌할 철로 된 회초리가 있나니, 근심으로 말미암아 그들이 그것으로부터 피하려 하나 그들은 다시 그 안으로 되돌려 와 '불의 징벌'을 맛볼 것이라.[14]

아부 후라이라Abū Hurayra는 하디스ḥadīth[15]에서 위 절을 다음과 같이 설명합니다. "불이 머리 위에 부어지고, 흘러 들어가 목에 다다른다. 불은 목을 완전히 태우면서 발끝까지 퍼진다. 그리고 이러한 과정은 다시 반복된다."[16] 다음과 같은 구절도 비슷한 내용을 담고 있습니다. "그들의 의상은 액체로 되어 있으며 불이 그들의 얼굴을 둘러싸노라."[17] 타바리는 죄인들의 피부가 매일 7000번 불에 타게 될 것이라고

---

14 꾸란 22:19~22.
15 무함마드의 언행을 기록한 책.
16 Tabarī, *Tārīkh*, 제9권, p. 125.
17 꾸란 14:50.

정확하게 전하고 있습니다.[18]

후리아 상당히 끔찍한 내용입니다. 피부가 불에 타서 떨어져 나오면 사람들이 그 피부를 주워 다시 붙이고, 다시 구워지고 떨어지고, 또 구워지는 과정이 반복됩니다. 이 구절은 마조히즘을 독려하거나 초월적 존재를 폭군으로 묘사합니다. 피부를 통한 접촉은 상당히 원초적인 감각이기 때문에 피부를 불태우는 것은 공포 그 자체라고 볼 수 있습니다. 갓 태어난 아기는 어머니와 피부를 통해 접촉합니다. 어머니가 아기의 피부를 쓰다듬음으로써 아기는 자신의 육체와 영혼의 토대가 되는 자기애를 발전시키게 됩니다. 세상과 접촉하는 첫 통로인 피부가 계속 학대받는 것이지요.

아도니스 복종하기를 거부하는 사람들의 "목에는 쇠사슬이 씌어 끓는 액체 속으로 들어가 불 속에서 태워지노라."[19]

후리아 피부와 눈, 그리고 입과 코와 같이 구멍이 있는 기관은 모두 불에 의해 소멸됩니다. 그리고 앞에서 이미 거론했듯이, 이러한 형벌을 통한 협박은 개인의 정체성 문제와 관련되어 있습니다. 형벌의 대상이 바로 얼굴이기 때문입니다. 이는 단순히 신체 기관에 대한 고문이 아니라 인간 정체성의 기반을 이루는 본질에 대한 파괴라고 볼 수 있습니다. 꾸란의 가르침에 의심을 가지거나 조금이라도 자유로운

---

18 Tabarī, *Tārīkh*, 제4권, p. 145.
19 꾸란 40:70~72.

사상을 발전시키면 곧 형벌이 가해진다는 사실을 의미합니다. 개인적인 사상을 발전시키는 사람들은, 말 그대로 자신의 피부를 위험에 노출시키게 되는 것입니다.

아도니스 "그를 포획하여 구속하라! 타오르는 불 속에 그를 내던진 후 70척의 쇠사슬에 묶어 걸게 하라."[20] 어떤 주석가들은 밧줄이 사형당한 사람의 입으로 들어가 항문으로 나온다고 해석하기도 합니다.[21]

후리아 그런데 이 구절들은 모두 노래나 삶에 대한 찬양처럼 음악적인 언어로 표현되어 있습니다. 그런데 아랍어를 모르는 사람은 언어의 아름다움과 형벌의 이미지가 주는 잔혹성의 차이를 느끼지 못하는 경우가 많습니다. 이와 같은 사실은 저로 하여금 아나 이븐 잘라 anā ibn Jalā[22]를 떠올리게 합니다. 이러한 구절을 낭송하는 무슬림은 알하즈자즈al-Hajjāj(우마이야 왕조의 가장 유명한 장군―옮긴이)의 어록을 낭송하고 있는 듯한 느낌을 받을 것입니다. 아름다운 언어가 악몽을 표현하며 음악성은 피로 물들어 있습니다. 무슬림들은 이러한 잔인한 구절들을 마치 사랑의 시인 것처럼 낭송하고 있습니다.

아도니스 이 모든 내용은 실제로 운문체로 쓰여 있습니다. 우리는 성스러운 가르침의 위대함과 마주하고 있는 것입니다. 즉, 유일한

---

20   꾸란 69:30.
21   Tabarī, *Tārīkh*, 제12권, p. 220.
22   *Al-Kitâb*, 제2권, Paris, Seuil, 2012, 서문 참조.

존재인 신의 위대함, 그리고 파끼흐faqīh(율법학자)가 바로 그 뒤를 잇습니다. 가르침의 진리는 가르침 자체의 진실성에 의거하지 않고 가르침을 선포하는 자의 권위에 근거를 두기 때문에 꾸란에 대해 논의하는 것조차 금지하고 있습니다. 신과 관련된 모든 것은 무조건 믿어야 합니다.

후리아　신앙은 공포와 아주 깊게 연결됩니다. 꾸란에서 묘사되는 형벌은 신체의 모든 부위와 관련됩니다. 피부, 배, 목, 그리고 종족 보존을 보장하는 성 충동과 관계된 부위 등입니다. 우리는 입과 유두의 접촉이 얼마나 종족 보존과 성욕에 중요한지 잘 알고 있습니다.

아도니스　그리고 식량과 음료는 본래의 기능에 반해 형벌의 도구로 전환되었습니다. 다음과 같은 구절을 인용해보겠습니다. "나에게는 그들을 묶을 족쇄와 그들을 태울 불이 있으며 질식시킬 음식과 고통스러운 벌이 있나니."[23]

후리아　드니즈 마송Denise Masson(꾸란을 프랑스어로 번역한 이슬람 학자 ─옮긴이)은 갓사ghassa를 '목에 걸려 있는 음식'이라고 번역함으로써 그 이미지를 완화했습니다.

아도니스　이븐 아바스Ibn ʿAbbās는 이 형벌은 목에 걸려서 나오지도 들어가지도 않는 가시가 박히는 것을 의미한다고 설명합니다.[24]

23　꾸란 73:12~13.
24　Tabarī, *Tārīkh*, 제12권, p. 289.

후리아 타바리와 라지Razi도 이러한 해석에 동의합니다. 그들은 식재료가 생명을 위협하는 형벌의 도구로 둔갑할 수 있다고 주장합니다.

아도니스 예를 들어 식용 나무도 위협적인 형벌 도구로 묘사됩니다. 꾸란에서는 다음과 같이 말합니다. "실로 작꿈나무가 죄인들의 음식이 되어 녹은 쇳물처럼 되어 그들의 위 속에서 끓어오르니 들끓는 뜨거운 물과 같더라."[25]

후리아 바로 이 구절 뒤에 신은 자신을 두려워하는 자들에게 극진한 대접을 약속한다는 구절이 나옵니다. "그러나 신을 두려워하는 자들은 안전한 곳에 있게 되나니, 낙원과 우물들이 있는 곳이라. 그들은 섬세한 실크와 비단 옷을 걸치리라."[26]

아도니스 꾸란의 다른 구절도 작꿈나무를 언급합니다. "그것은 불지옥의 밑바닥에서 자라는 나무로 열매는 사탄의 우두머리들과 같으니."[27] 그리고 다음 구절도 있습니다. "끓는 물을 마셔 그들의 내장이 녹아내리리라."[28]

후리아 꾸란 전체를 통해 똑같은 논리가 계속 반복되고 있습니다. 언급하신 구절 바로 직전에 이런 구절이 있습니다.

---

25 꾸란 44:43~46.
26 꾸란 44:51~53.
27 꾸란 37:64~65.
28 꾸란 47:15.

의로운 자들에게 약속된 천국을 비유하사 그곳에 강물이 있으되 [……]
우유가 흐르는 강이 있으되 맛이 변하지 아니하며 술이 흐르는 강이 있
으니 마시는 이들에게 기쁨을 주며 꿀이 흐르는 강이 있으되 순수하고
깨끗하더라. 그곳에는 온갖 과일이 있다.[29]

결론적으로 보상과 처벌에 대한 내용이 꾸란에서 계속 반복됩니다.

아도니스 처벌은 항상 잔인하게 묘사됩니다. "끓는 물과 굳어가는
액체를 맛보리라, 그리고 그와 유사한 또 다른 벌들이 있노라."[30]

후리아 끓는 물이라고 번역된 것은 알굿사끄al-ghussāq였지요.

아도니스 일부 주석가는 피부에 부어지는 것은 액체가 된 철이라
고 해석합니다. 압달라 이븐 암루Abdallah ibn Amrū는 이를 진한 고름으
로 해석합니다. 만약 고름 한 방울이 서양에 떨어지면 그 여파로 동양
사람들은 가루가 될 것이며, 고름 한 방울이 동양에 떨어지면 그 고름
으로 인해 서양 사람들까지 소멸될 것입니다.[31] 캅Ka'b은 다음과 같이
덧붙입니다. "이는 지옥의 원천이기도 하다. 뱀이나 전갈처럼 독이 있
는 모든 동물은 이 액체로 들어가 몸을 적신다. 죄를 지은 개인들도 이
곳으로 인도되어 이 액체에 몸을 적시게 되고, 그의 피부와 살은 뼈에

---

29   꾸란 47:15.
30   꾸란 38:57.
31   Tabarī, *Tārīkh*, 제10권, p. 598.

서 분리되어 흘러내리게 될 것이다."

후리아   캅의 해석에서 한 가지 짚고 넘어가야 할 문제가 있습니다. 캅은 라줄rajul이라는 표현을 썼는데 라줄은 인간이나 개인을 뜻합니다. 즉, 주석가는 '불신앙자가 인도되어'라고 해석하지 않았습니다. 그의 해석에 의하면 이 형벌은 불신앙자에게만 적용되는 내용이 아니라 모든 인간에게 적용됩니다. 이를 통해 위협의 대상은 더욱 늘어나고, 효과도 증대된다고 볼 수 있습니다.

아도니스   형벌의 예는 꾸란 전체에 등장합니다. 그런데 폭력은 근본적으로 복수와 연관되어 있습니다. 즉, 부족들끼리 암암리에 지키고 있는 법칙들이 저승의 세계에 그대로 적용됩니다. 고문당하는 사람에게 죽음은 결코 주어지지 않습니다.

그들은 죽지도 아니하느니라. 또한 그들에 대한 벌이 감소되지도 않노라. 그와 같이 하나님은 모든 불신자에게 벌을 내리느니라.[32]

믿음을 부정하고 사악한 짓을 하는 자들에게 하나님께서는 관용을 베풀지 아니하시고, 그들을 천국의 길로 인도하지 아니하시니, 지옥으로 가는 길 외에는 길이 없느니라. 그들은 그곳에서 영생하리라. 그러한 일이 하나님께는 쉬운 일이라.[33]

---

32   꾸란 35:36.

후리아 "칼리디나 피하 아바단Khālidīna fīhā abadan, 그들은 그곳에 영원히 머무를 것이다." 이 문장은 안니사an-nisā'(여성들) 수라에 나오는 내용인데, 이는 천사 가브리엘이 예언자의 아내였던 하프사Hafsa와 아이샤Aïcha가 남편에게 복종하지 않았기 때문에 이들을 협박하는 내용입니다. 그리고 이들은 예언자의 아내였기 때문에 더 끔찍한 형벌을 받습니다. 하여간 복종하지 않는 자들은 현세에서 징계를 받으며 내세에서는 가혹한 형벌을 받습니다. 꾸란은 지옥을 벌어진 주둥이로 묘사합니다.

아도니스 꾸란에서 신은 '체벌자', '체벌의 신', 또는 '복수의 신'으로 묘사됩니다. 형벌이 가해지는 장소는 자한남jahannam, 사까르saqar, 라자lazā, 하위야hāwiya(지옥, 지옥 불, 심연) 등의 단어로 표현됩니다. 안나르an-nār(불)는 최고로 잔인한 형벌 수단입니다. 꾸란은 지옥의 불을 의인화했습니다. 지옥 불의 채워지지 않는 허기에 대해 다음과 같이 말합니다. "어느 날 우리가 지옥에게 물었다. '꽉 찼는가?' 지옥이 말하기를 '아직 더하여 올 자가 있나이까?' 하더라."[34]

후리아 꾸란에는 생명체와 비생명체를 구별하지 못하는 아이들의 생각과 같은 마술적 상상력에 상응하는 표현들이 있습니다. 모든 것을 집어삼키는 불을 의인화함으로써 소아적 공포를 자극합니다. 꾸

---

33 꾸란 4:168~169.
34 꾸란 50:30.

란의 구절은 모든 개인에게 계속 잔존하는 유아기 상태의 심리를 자극합니다. 이러한 구절들은 우리가 의식적으로 떨쳐버리려고 애쓰지만 계속 우리를 괴롭히는 사건들을 자극하기 때문에 끔찍하다고 볼 수 있습니다. 성인은 소름 끼치는 이미지 앞에서 아이처럼 공포에 떨게 됩니다.

아도니스 게다가 꾸란은 신성에 대해 묘사할 때 잡바르Jabbar(전능자)와 밧시batsh(억압자, 독재자)라는 단어를 둘 다 사용합니다.

후리아 그리고 꾸란은 학대자로서의 이미지 중에서 처형하고 파괴하는 이미지를 강조합니다. 복종하지 않는 사람은 사랑을 박탈당하고, 복수하는 신의 징벌을 받습니다. 어쨌든 이러한 구절을 읽거나 이 구절에 대한 해석을 읽는 사람은 누구나 도스토옙스키Fyodor Mikhailovich Dostoevsky가 화가 홀바인Hans Holbein의 작품 '무덤 속에 있는 예수의 시신'에 대해 묘사했던 감정을 느끼게 됩니다. "이 그림을 보고 있노라면 신앙을 잃어버릴 수도 있겠구나."

아도니스 우리는 말로 표현할 수 없는 잔인한 이미지들과 대면하고 있습니다. 헤지라 1세기, 즉 서기 622년부터 꾸란에 서술되어 있는 폭력과 함께 무슬림의 폭력이 시작됩니다. 첫 번째 전투인 바드르Badr 전투가 바로 좋은 예입니다. 무함마드의 동반자인 이븐 마스우드Ibn Mas'ūd의 발언을 이븐 히샴Ibn Hishām이 이렇게 인용했습니다. "나는 아부 잘Abū Jahl의 머리를 절단해서 예언자에게 전해주면서 이렇게 말했다. '오, 신의 사자여, 여기 신의 적인 아부 잘의 머리가 있나이다.'"[35]

후리아 타바리의 『주석Tafsir』과 이븐 히샴의 『예언자 무함마드의 전기As-sira an-nabawiya』를 포함하는 여러 저서에서 천사들이 전투에 개입해 '불신앙자들'을 전멸시킨다는 내용이 등장합니다.

아도니스 타바리는 신이 바드르 전투에서 3000명의 천사들[36]을 준비해서 무함마드의 적들을 물리쳤다고 서술했습니다. 또한 전투원 중 하나인 아부 보르다 이븐 니야르Abū Borda ibn Niyār는 다음과 같은 발언을 했습니다. "바드르 전투에서 나는 세 명의 목을 신의 계시자에게 바치고 다음과 같이 말했다. '오! 신의 사자여! 나는 두 명의 목을 쳤습니다. 그런데 세 번째는 건장한 백인한테 당한 천사, 바로 불신앙자 앞으로 지나가던 천사의 목이었습니다. 그의 목은 굴러다니고 있었습니다. 제가 바로 천사의 목을 주워서 당신에게 바칩니다.'"[37] 알와끼디Al-Wāqidī는 또한 사랑에 빠진 병사가 처형되기 전 자신의 아내를 보고 싶어 했던 이야기도 전하고 있습니다. 그의 아내는 부름을 받았으나 그 병사가 사형당한 뒤에 도착했습니다. 그녀는 죽은 병사의 몸을 계속 어루만지다가 죽어 싸늘하게 식은 병사의 시체 위에서 함께 생을 마감했습니다.[38]

후리아 바드르와 카이바르Khaybar 전투 외에도 수많은 전쟁이 있

35   Ibn Hichām, *As-sīra an-nabawīya* 제2권, p. 63.
36   Tabarī, *Tārīkh*, 제3권, p. 423.
37   Al-Wāqidī, *Le Livre des conquêtes*, p. 8.
38   Ibid., 제3권, p. 879~880.

습니다. 특히 배교의 전쟁이라고 불리는 후룹 아르리다hurūb ar-rida 전투는 잔인하기로 유명합니다.

아도니스 그 전투는 제1대 칼리프 아부 바크르 시대에 벌어진 전투입니다. 우리는 그 전쟁을 말살의 전쟁이라고 부릅니다. 헤지라 12년(서기 634년)에 전쟁을 이끌던 칼리드 이븐 알왈리드Khālid ibn al-Walīd는 시인 말리크 이븐 누와이라Mālik ibn Nuwayra를 죽이고 그의 아내를 취했습니다. 사람들이 전하기를 시인의 목은 장군의 땔감으로 사용했다고 합니다. 그런데 우마르ʿUmar가 칼리프가 되자 이러한 행위를 비난하면서 칼리드 이븐 알왈리드를 처벌했습니다. 낙타 전쟁, 시핀Siffīn 전쟁, 나흐라완Nahrawān 전쟁도 도저히 말로 표현할 수 없이 잔인했습니다. 이 전쟁들은 5년에 걸쳐 치러졌고 수천 명이 목숨을 잃었습니다. 그중에는 예언자의 동료들도 있었습니다. 이들에게는 물론 천국행이 보장되었겠지요.

후리아 두 번째 칼리프이며 예언자의 장인인 우마르는 일반적으로 무함마드의 절친한 동반자로 소개됩니다. 그런데 우마르가 엄청나게 폭력적인 사람이었다는 사실은 함구하고 있습니다. 한편으로 예언자의 딸인 파티마Fātima와 우마르에 대한 이야기는 많이 알려져 있습니다.

아도니스 무함마드가 죽은 뒤에 아부 바크르가 후계자로 정해지자 일부 무슬림은 반발했습니다. 이들은 예언자의 딸인 파티마의 집에 모여 논의했고, 우마르는 이들의 처형을 지시했습니다. 그러고 나

폭력과 이슬람

서 우마르는 파티마의 집에 불을 지르려고 파티마를 찾아갔습니다. 파티마가 "우리 집에 불을 지르려고 왔나요?"라고 묻자, 우마르는 "그렇다. 너희가 공동체에 속하는 나머지 구성원들의 의견에 동의하지 않는 한 불을 지를 것이다"라고 대답했습니다.

후리아 우마르는 임신 중인 파티마를 구타했고, 파티마는 이로 인해 유산했으며 그 바람에 결국 죽었습니다.

아도니스 아랍의 역사는 매우 복잡하고, 동시에 엄청나게 폭력적입니다. 그런데 폭력이 종교적으로, 문화적으로, 정치적으로, 사회적으로 조직화되기 시작한 것은 헤지라 41년 다마스에서 무아위야가 통치하기 시작하면서부터입니다. 바로 이렇게 조직화된 폭력이 오늘날까지 이어지고 있습니다.

후리아 폭력은 꾸란이나 시, 또는 군주들의 담화를 통해 언급되고 있습니다. 폭력이 언어와 융합하면서 성화되었습니다.

아도니스 폭력을 통해 성스러운 것이 보전되기 때문에 폭력은 성화되었습니다. 언어와 폭력이 융합되었다는 말씀에 전적으로 동의합니다. 우마이야 왕조의 첫 번째 칼리프인 무아위야는 다음과 같이 말했습니다. "전 세계는 신의 소유이고 나는 신을 대리하는 칼리프이다. 따라서 내가 너희들에게서 취하는 것은 모두 내 소유물이며, 내가 너희들에게 남기는 것은 내가 너그럽기 때문이다." 다음과 같은 말도 남겼습니다. "나는 우리의 통치에 복종하지 않는 자들의 언어에 신경 쓰지 않는다." 우마이야 왕조의 다른 칼리프인 압드 알말리크 이븐 마르완Abd al Malik ibn Marwān은 칼리프로 임명된 후 다음과 같이 말했습니다. "내가 맹세하건대 나에게 경건함을 요구하는 자는 누구든 참수당하리라." 그는 다음과 같은 말도 했습니다. "이 공동체의 악행을 치유할 수 있는 유일한 수단은 내가 가진 칼뿐이다." 그리고 그는 그의 아들에게 다음과 같이 말했습니다. "내가 죽은 후에 모든 사람을 소집하여 너에게 복종하도록 맹세시켜라. 거역하는 자는 누구든 목을 쳐라."

후리아 이라크 지역의 통치자였던 알핫자즈 이븐 유수프 알사까피al-Hajjāj ibn Yūsuf al-Thaqafī는 잔인하기로 유명한 인물입니다. 그는 시를 통해 이라크인들을 참수하겠다고 서슴지 않고 협박했는데, 그의 시는 그 후에 상당히 유명해졌습니다. 우리는 참수형에 대한 숙고도 없이 계속해서 그의 시를 인용하고 그의 언어를 극찬하고 있습니다. 후에 우마이야 왕조와 경쟁 관계에 있었던 아바스Abbās 왕조도 거의 같은 수준으로 잔인했습니다.

아도니스 아바스 왕조의 창립자인 아부 자파르 알만수르Abū Ja'far al-Manṣūr의 발언은 절대 잊을 수가 없습니다. 그는 다음과 같이 말했습니다. "우리에게 복종하지 않는 자들의 피 흘림은 정당하다." 그리고 그는 그의 아들인 알마흐디al-Mahdī에게 다음과 같은 메시지를 남겼습니다. "세 종류의 인간이 있다. 첫 번째는 너의 도움을 기다리는 가난한 자들이고, 다음은 너를 두려워하면서 너의 보호를 희망하는 자들이고, 마지막은 너의 선처를 바라는 죄수들이다." 이 모든 발언은 권력의 종류(계승된 권력이냐, 침탈한 권력이냐)에 상관없이 권력을 행사하는 데 항상 폭력이 내재되어 있다는 사실을 분명히 보여줍니다. 군주는 합법적·행정적·사법적 권력을 모두 소유합니다.

후리아 초기 칼리프들이나 우마이야 왕조, 또는 아바스 왕조 등의 모든 권력자는 종교의 이름으로 폭력을 휘둘렀습니다.

아도니스 종교는 권력의 집행 도구에 불과했습니다. 그리고 통치자들의 관심은 재정적 풍요로움이었습니다. 물론 이러한 독재의 횡포에 대한 저항도 있었습니다. 예를 들어 꾸란의 몇몇 구절은 통치자의 관용을 강조하기도 합니다. 하지만 무슬림들은 일반적인 원칙에 복종했습니다. 그들은 정의와 평등, 분배의 정신을 포기하고 지배적 성향과 잔인함을 추구했습니다. 한 가지 덧붙여서 말하고 싶은 것은 형벌의 종류가 상당히 다양했다는 것입니다. 이라크 역사가인 압부드 알샬지'Abbūd al-Shaljī 는 그의 저서 『형벌의 백과사전Mawsū'at al-'Adhāb』에서 200개의 형벌을 열거했습니다. 그가 열거한 형벌은 다음과 같습니다. 창으로 찔러 죽이기, 질사(窒死), 생매장, 화형, 끓는 물에 던져 넣기 또는 가죽 벗기기, 바닥에서 끌고 다니기 등입니다.

후리아 『알키탑』에 묘사된 이러한 형벌들 때문에 저는 깜짝 놀랐습니다. 이 책을 번역하면서 십자가형이라든가 사지 절단에 해당하는 단어들을 찾는 데 애를 먹었습니다. 그 외에 여자들도 같은 방법으로 고문당했다는 사실을 알게 되었습니다.

아도니스 고문은 육체적 또는 심리적으로 가해지거나, 동시에 가해지기도 했습니다. 무아위야 칼리프는 암루 이븐 알학끄 알쿠자이

Amrū ibn al-Haqq al-Khuzā'ī(무함마드의 동지)와 그의 아내를 동시에 체포했습니다. 그리고 그 남자의 목을 베어서 아내의 무릎에 올려놓으라고 명령했습니다. 히샴 이븐 압드 알말리크Hishām ibn 'Abd al-Mālik는 자이드 이븐 알리Zayd ibn 'Alī의 목을 베어서 어머니의 무릎에 그의 목을 올려놓으라고 명령했습니다. '알히마르al-Himār'(장님)라고 불리는 우마이야 왕조의 마지막 칼리프 마르완 2세Marwān II는 참수형을 당했으며, 그의 목은 그의 딸의 무릎에 올려졌습니다. 자이드 이븐 알리는 여자 죄수를 죽이기 전에 그 죄수의 사지를 절단하는 취미가 있었습니다. 그는 또 여자 죄수를 발가벗겨서 십자가형에 처하기를 즐겼습니다. 아바스 왕조의 칼리프는 한 여자 죄수를 삵과 같은 고양잇과에 속하는 동물의 우리에 던져 넣기도 했습니다. 그 여자는 동물들의 먹이가 되었지요. 우리는 이 모든 내용을 『수집의 기쁨Nuzhat al-majālis』에 실린 수유티 Suyūtī[39]를 통해 확인할 수 있습니다.

후리아 수유티는 내세에서 절대 느슨해지지 않는 채찍에 대해 언급한 사람입니다. 방금 언급하신 제목은 사디스트의 쾌락을 연상시킵니다. 왜냐하면 여기서 누즈하트Nuzhat가 의미하는 것은 '쾌락'이기 때문입니다. 이 책의 내용(형벌)과 제목(쾌락)은 서로 모순됩니다. 우리는 이중적 폭력에 노출되어 있는 것입니다. 즉, 실제로 가해지는 폭력과, 그 폭력을 쾌락이라고 부르는 사디스트 같은 태도로 인해 생기는

---

39   Suyūtī: Nuzhat al-majālis, p. 122~123.

폭력입니다. 그리고 '연회', '안방', '모임'을 연상시키는 마잘리스majālis
는 사드Sade의 작품을 연상시킵니다.

아도니스 우바이달라'Ubaydallāh에게 고문당한 한 여인의 이야기
가 바로 이러한 경우에 해당합니다. 우바이달라는 그 여인의 한쪽 발
을 자른 뒤 다음과 같이 물었습니다. "발목이 잘리고 나니 어떤 생각
이 드느냐?" 그녀가 말하기를 "저는 잠시 다른 생각을 했습니다." 그러
자 그는 나머지 한쪽 발도 잘라버렸습니다. 그리고 그 여인은 자신의
손을 우바이달라의 성기에 얹었습니다. 그가 말하기를 "네가 그것을
보호하려고 하느냐?" 그녀가 답하기를 "당신의 어머니도 당신의 성기
를 보호하지 못했습니다." 또한 1098년경에 집권한 터키 총독의 경우
도 그 예로 들 수 있습니다. 그 총독은 못마땅하게 여긴 여성들을 자루
나 궤짝에 넣어 알앗시al-Āssī강에 던져버리는 습관이 있었습니다. 형
벌과 광기를 분간하지 못했다고 볼 수 있습니다. 알까히르al-Qāhir는 그
의 장모의 가슴을 매다는 고문을 가하기도 했습니다. 때때로 금지된
사랑을 했다는 이유로 형벌이 가해지기도 했는데, 예를 들어 한 이집
트 여인은 기독교인과 사랑에 빠졌다는 이유로 고발되었습니다. 그녀
는 벌거벗겨진 채 당나귀 꼬리에 묶여 죽을 때까지 끌려다녔습니다.
이 이야기는 『꽃들의 숭고함Badāi'az-zohour』에 나와 있습니다.

후리아 '꽃들의 숭고함.' 제 생각에 아랍의 전 역사를 통해 자행
된 이러한 형벌들은 아직까지 심리학적 차원에서 연구되지 않은 것 같
습니다. 사디스트 같은 영웅은 이렇게 말합니다. "나의 즐거움은 오로

지 고문하고 죽이는 것을 통해 채워진다." 형벌을 가하는 사람이야말로 쾌락을 느끼는 사람입니다. 전승되어오는 이러한 이야기들은 한 번도 심리학적으로 분석된 적이 없습니다. 피로 얼룩진 끔찍한 유산에 대해 아무도 의문을 던지지 않은 것이지요.

아도니스 정신분석학적 연구가 절실하게 필요하다고 봅니다. 폭력과 잔인함으로 뒤덮인 인간관과 세계관에 대한 분석이 우선 이루어져야 합니다. 즉, 지금까지 인용한 실제 폭력 행위와 이 폭력 행위의 이면에 숨겨져 있는 폭력이 있다는 사실을 정확하게 구별해야 합니다. 역사를 통해 우리가 확인할 수 있는 사실은 무슬림의 세계관은 인간 통제에 기반을 두고 있으며, 인간에게 주도권이 있지 않다는 사실입니다. 역사가 신성화되는 순간 무슬림들은 일신교의 다른 예언자들처럼 무함마드라는 한 인간을 연구할 수 있는 기회를 잃어버렸습니다. 이러한 연구를 시도하거나 또는 시도하기를 원하는 사람은 즉시 배신자로 낙인찍히게 됩니다.

후리아 『인간 모세와 유일신교Der Mann Moses und die monotheistische Religion』라는 책에서 프로이트는 종교 창시자에 대한 완벽한 '분석'을 시도했습니다. 그리고 이러한 분석을 통해 부친 살해가 얼마나 중요한지를 밝혔습니다. 무함마드는 이상화되고 신성화된 인물입니다. 그의 행동과 제스처는 모두 법제화되었습니다. 법제화된 규정은 절대 불변의 원칙이 적용됩니다. 또한 무함마드에 대한 전설은 의심의 여지가 없는 진실로 간주되고 있습니다.

아도니스 모든 문서는 예언자 무함마드가 인간으로서가 아니라 예언자로서 완전성을 갖추었다는 데 동의합니다. 그럼에도 불구하고 우리는 계속 무함마드를 신성화하고 있으며, 역사는 본질적으로 이러한 신성화 작업에 집중해왔습니다. 수단의 작가 모하메드 마흐무드 Mohamed Mahmoud는 무함마드의 얘기가 역사서에서 어떻게 미화되어 있는지를 밝혔습니다. 한 예로 무함마드에게는 어깨 사이에 '사과나 달걀만 한 사마귀'가 있다고 전해지는데, 신성한 예언자는 완벽한 신체의 소유자여야 한다고 생각되었기 때문에 이에 대한 해석이 필요했습니다. 따라서 무함마드의 사마귀는 예언자임을 증명하는 구체적인 증거로 둔갑했습니다.

후리아 우리는 루이 마랭Louis Marin이 예수를 이미지로 분석했던 것처럼 무함마드의 이야기를 형상, 이미지, 모델의 측면에서 분석해볼 수 있습니다. 또한 성경에 나오는 모세는 언변이 부족했던 예언자입니다. 우리는 이러한 사실을 문자 그대로 이해해야 할까요, 아니면 비유라고 생각해야 할까요? 이러한 질문들은 신학적·철학적·인류학적 관점에서 고찰해야 한다고 생각합니다. 문제는 아직까지 이러한 고찰이 이슬람에서는 이루어지지 않았다는 사실입니다.

아도니스 폭력은 영혼을 파괴할 뿐만 아니라 무슬림들의 인간성 자체도 파괴합니다. 무슬림들은 예언자에 대한 무조건적 신앙을 강요받고 있습니다. 그들은 예언자의 종교적·지적·사회적인 면에 대해 아무런 질문도 할 수 없습니다. 이러한 과정을 통해 폭력 자체가 신성화되었습니다. 역사 자체도 신과 예언자에 의해서 창조된 것이지, 무슬림들이 기록한 것이 아니라고 생각하게 되고 있습니다. 즉, 역사 자체도 신격화된 것입니다. 그리고 이러한 역사 속에서 선한 것은 이슬람이 인정한 것이고, 악한 것은 이슬람이 거부한 것입니다. 그러므로 이슬람은 다른 민족이 무엇을 인정하고 무엇을 배제하는지는 전혀 상관하지 않습니다. 다시 말하면 이는 타인에 대한 일종의 폭력입니다.

후리아 방금 하신 말씀은 아마도 질 들뢰즈Gilles Deleuze가 말했던 '타인에 대한 구조적' 결핍이라고 표현할 수 있습니다. 이는 종교적 관점에 의해 결정되는 군주적 세계관이라고 생각합니다.

아도니스 타인은 그들이 타인으로 존재하는 이상 소멸의 대상일 뿐입니다. 지하드에 내재되어 있는 폭력은 바로 이러한 관점에서부터 시작됩니다. 타인을 살해하는 것은 지하드일 뿐입니다. 즉, 살인 행위 자체를 신성화하는 것이지요. 살인으로 인해서 살인자는 근심도 없고 기쁨만이 가득한 천국으로 인도됩니다. 에로스eros와 타나토스Thanatos (죽음에 대한 충동-옮긴이)가 지하드를 통해서 연결되는 것입니다.

후리아 또는 이렇게 설명하기도 합니다. 타나토스나 살인에 대한 충동은 성적 충동에서 벗어나고자 할 때만 에로스와 연결됩니다. 따라서 성적 충동은 억제의 대상으로 치부됩니다.

아도니스 지하드가 인간의 본능인 폭력성을 해방시켰습니다. 그리고 해방된 폭력성은 인류의 인간성에 엄청난 해를 입혔습니다. 헤라클레이토스Heracleitos가 말했듯이 전쟁은 "만물의 아버지"이며, 인류의 역사가 시작된 초기부터 전쟁은 늘 존재해왔습니다. 그렇다면 지하드를 통해 자행되는 살인을 창조 설화와 연관시킬 수 있을까요?

후리아 문제는 이슬람의 설립에 대한 연구도 부족하고 분석도 제대로 이루어지지 않고 있다는 사실입니다. 그런데 근래에 이슬람의 영적인 측면이나 이슬람의 온건성을 주장하는 글이 많이 나오고 있습니다. 일부 작가는 이슬람이 폭력과 전혀 관계없는 종교라고 치켜세웁니다. 이들은 이슬람의 토대가 충동적 본능이라는 사실을 피하고 싶은 것이지요. 즉, 대부분의 무슬림은 그들의 역사를 제대로 알지 못합니다.

아도니스 만약 이슬람의 진정한 역사를 알고 싶으면 알와끼디가 저술한 『정복의 역사Le Livre des conquêtes』를 읽어보기 바랍니다. 그리고 모하메드 마흐무드가 쓴 『무함마드의 예언: 역사와 그의 이해La Prophétie de Mohammad: l'histoire et sa conception』도 추천합니다. 마흐무드의 책은 근대 아랍 문화를 서술한 주요 저서 중 하나입니다. 이 책을 통해 저는 새로운 사실을 많이 알게 되었습니다. 그리고 저는 이슬람을 연구하는 사람은 모두 이 책을 읽어야 한다고 생각합니다. 이슬람교에는 인간을 공포에 떨게 하는 폭력이 내재되어 있습니다. 이슬람에서 인간은 심판과 판결의 대상일 뿐입니다. 인간은 신의 명령 외에는 어떤 것이든 알아서도 안 되고 경험해서도 안 되는 존재입니다. 결과적으로 인간은 단순한 '복종자tābi'가 아니라 일개 노예일 뿐입니다.

후리아 방금 말씀하신 논리에 따르면 종교는 인간의 해방에 기여한 것이 아니라 오히려 구속을 강화했다고 볼 수 있습니다. 이러한 종교는 카를 마르크스Karl Marx가 말했던 "종교는 민중의 아편이다"라는 해석보다 더 끔찍하다고 볼 수 있겠네요.

아도니스 종교는 유폐와 감금의 동의어입니다. 꾸란은 관용과 라마rahma(용서)에 대해 이야기할 때마다 항상 한 가지 조건을 붙입니다. 이슬람과 그의 가르침에 대한 절대적인 복종입니다. 이것이야말로 용서에 대한 대가입니다.

후리아 이는 기독교의 아가페agapē와 다른 개념이지요.

후리아 물론 다릅니다. 인간은 자신의 종속성을 입증해야 합니다. 완벽한 종속성이야말로 마지막 심판의 날에 구원을 보증받는 유일한 수단입니다. 인간의 의무는 절대 복종입니다. 인간과 인간의 존재적 불안감에 대한 어떠한 질문도 제기해서는 안 됩니다. 그리고 역사 속에서 이슬람에 의해 배제된 문화와 앞으로 실현될 문화에 대한 질문도 금기시합니다. 모든 사상은 하나의 담론으로 집중되는데, 그것은 수단과 방법을 가리지 않고 모든 정권의 붕괴를 도모하는 정치에 대한 것입니다.

후리아 D. H. 로런스David Herbert Lawrence는 요한계시록을 분석하면서,[40] 요한계시록에는 종교의 사적 영역(선하고 사랑으로 가득한 예수

---

40 D. H. Lawrence, *Apocalypse*, Fanny Deleuze 옮김, Gilles Deleuze 소개, Paris, Desjonquères, 2002.

그리스도)과, 동시에 '좀비의 책'이라고 분류되는 통속적이고 야만적인 내용이 존재한다고 지적했습니다. 삶과 죽음 사이에 존재하는 시간이나 공간을 언급하셨을 때, 저는 좀비를 떠올렸습니다. 그런데 무슬림들은 사적 영역을 강조하는 내용보다는 야만적 내용을 선호합니다. 왜 무슬림 지식인들은 로렌스와 같은 분석을 하지 못하는 것일까요?

아도니스 전통적으로 이슬람 사상은 철학에 대한 적대감과 혐오감을 계속 표출해왔습니다. 폭력은 계속해서 역사화되고 사상화되었으며, 곧 실천으로 연결되면서 세계관으로 정립되었습니다. 철학적 사고는 설 자리를 찾지 못하고 있는데, 이는 제가 이미 언급했고 여러 번 강조했듯이 무슬림 예언자인 무함마드가 계시를 통해 예언의 본질 그 자체라고 강조하기 때문입니다. 무함마드의 계시는 모두 진실이며 인간은 이에 대해 어떠한 문제를 제기할 수도 없고, 내용을 덧붙일 수도 없습니다. 이러한 논리를 좀 더 발전시키면 우리는 신 자신도 이미 계시된 내용에 대해 왈가왈부하거나 무엇인가를 덧붙일 수 없다고 볼 수 있습니다. 왜냐하면 신 자신이 자신의 마지막 계시를 자신의 예언자에게 전달했기 때문입니다. 이를 문화적 관점에서 분석해보면 ① 세상에는 오직 하나의 신만이 존재합니다. 바로 이슬람의 신입니다. ② 세상을 창조하고 형상을 만든 분은 바로 그분입니다. 따라서 그분이 유일한 창조자입니다. ③ 세상에는 오로지 하나의 경전이 있습니다. 바로 꾸란입니다. ④ 오로지 하나의 세계가 존재합니다. 바로 무슬림의 세계입니다. 따라서 다른 종교는 존재할 수도 없고, 무슬림 사회에서 다른 종교를 믿는 신도도 있을 수 없습니다. ⑤ 세상은 모두 이슬람화되어야 합니다. 왜냐하면 이슬람이 유일한 종교이기 때문입니다. 또 한 가지, '신은 오로지 한 분이시다'라고 말할 때, 여기서 말하는 신은 일반적인 신을 의미하지 않습니다. 무슬림이 믿는 신을 의미합니다. 신은 유일하게 한 분이고, 따라서 문명세계도 오로지 하나입니다. 이 세계에 사는 개인은 모두 무슬림이며, 그렇지 않으면 배교자로 정죄됩니다. 타인, 즉 불신앙자를 배척하는 것은 평등성의 부재를 뜻합니다. 다양성은 분명히 존중되어야 합니다. 태초에는 유일성이 아니라 다양성이 존재했습니다. 하지만 유일성에 대한 사상이 이데올로기화되었습니다.

후리아 꾸란은 다른 일신교들이 경전을 왜곡했다고 비난합니다. 그런데 무엇을 왜곡했는지는 언급하지 않습니다. 꾸란은 소위 경전을 가진 종교들에 적대적인 태도를 보이는데, 즉 다른 두 개의 일신교에 폭력적으로 대응하고 있습니다.

아도니스 기독교와 성경에 관한 연구는 많지만 이슬람에 관한 연구는 전무합니다.

후리아 그리고 이슬람은 이슬람 이전에 존재한 문명에도 폭력적으로 대응하고 있습니다. 이슬람은 이러한 문명의 존재를 전혀 인정하지 않고 있어요. 이슬람의 종교 기관들은 오늘날 인문과학에서 행해지는 구조적 비교 연구를 거부하고 있습니다. 인문과학의 임무는 비교 연구를 통해 문화적 경험의 풍부함과 각 문명의 다양성을 밝혀내는 것이지요.

아도니스 이슬람은 주관성이나 자유로운 개인에 대한 개념 자체를 거부합니다.

후리아 이 문제에 대해 2004년에 개최된 '아랍인들의 심리'[41] 학회에서 논문을 발표하셨지요. 그리고 2015년 바사라브 니콜레스쿠 Basarab Nicolescu가 베르나르댕Bernardins 대학에서 주최한 CIRET 콘퍼런스에서 이 주제에 대해 또 한 번 발표하셨습니다.

아도니스 저는 이슬람의 살라프파(칼리프 시대로의 회귀를 주장하는 이슬람 근본주의-옮긴이) 문화 전통 안에 관통하는 주관성에 대한 문제를 제기했습니다. 저는 그 발표를 통해 개인의 자아가 내적으로 형성되지 않고, 경전과 공동체에서 규정한 합의 사항에 의해 형성되고 있다는 의견을 피력했습니다. 따라서 자아는 스스로의 행동을 결정하고 자신의 창조성을 피력할 수 있는 개인적 공간을 전혀 보장받지 못합니다. 자아는 공동체 안에 흡수되고, 공동체는 개인의 자유를 짓밟는 기계가 되고 말았습니다. 인간은 움마Oumma(공동체)라고 불리는 이슬람 문화 안에서 한 개의 점이나 책 속의 고정된 단어와 같은 존재로 태어납니다. 그리고 이렇게 태어난 인간에게는 오로지 한 가지 의무만 지

---

41 2004년 5월 20~23일에 아랍어의 심리학적 분석에 대한 첫 번째 학회가 파리의 유네스코 회관에서 열렸다. *La Psyché dans la culture arabe et son rapport à la psychanalyse*(아랍 문화의 심리와 아랍 문화와 정신분석의 관계), Beyrouth, Dār al-Fārābī, 2004.

워집니다. 신의 가르침을 따르는 것입니다. 따라서 인간은 경전에 갇힌 죄수가 되는 것입니다. 헤라클레이토스는 다음과 같은 명언을 남겼습니다. "인간의 본성은 바로 악마적이다." 즉, 개인의 내재적이고 자유로운 잠재력이 악마입니다. 하지만 이슬람교의 첫 번째 가르침은 내재적 악마를 죽이라고 명령합니다.

후리아 그렇다면 악마는 개인에게 내재하는 자유롭고 창조적인 인간의 일부라고 할 수 있겠군요.

아도니스 이슬람은 세계의 진실은 세계 안에 있지 않고, 보편적이라고 불리는 경전 안에서만 찾을 수 있다고 주장합니다. 개인은 경전에 순종해야 하고, 또한 경전을 문자 그대로 숭배하는 공동체에 순종해야 합니다. 덧붙여서 저는 아부 알알라 알마아리Abu al-'Alā' al-Ma'arrī (아랍의 철학자, 973~1057년—옮긴이)의 표현을 빌려서 아랍인들은 '두 개의 감옥'에서 산다고 말하고 싶습니다. 종교 경전에 대한 살라프파의 해석에 의한 감옥, 자아를 파괴하는 공동체 움마 감옥입니다.

후리아 자유는 요원해 보입니다. 어떻게 자유를 얻을 수 있을까요? 저는 카프카Franz Kafka의 소설 『성Das Schloss』을 떠올리게 됩니다.

아도니스 역사적으로, 과학적으로, 인간적으로 볼 때 진실은 오로지 하나라는 주장은 억지입니다. 진실은 다양하며 그 성격은 상당히 복잡합니다. 우리가 한 하늘에 계신 신은 오로지 한 분이라는 주장에 동의할지라도, 그를 믿는 신앙인은 다양하며 신앙의 경험도 상이합니다. 신앙인 개개인은 모두 각자의 진실을 가지게 되는 것이지요. 이러한 종교, 문화, 사상의 다양성 안에서 인간의 의미와 우주의 의미가 생성됩니다. 완결성이 있어야 한다는 이유 때문에 다양한 종교와 문화를 하나의 문화와 하나의 종교 안에 가두는 것은 인간과 진실을 파괴하는 행위입니다.

후리아 전제주의적 종교에서 벗어나고자 하는 사람은 모두 징벌을 피할 수 없습니다. 꾸란의 이름으로 비무슬림들과의 대화조차 금지하고 있습니다.

아도니스 우리는 신 자신도 사탄과 대화했다는 사실을 잊어서는 안 됩니다. 그런데 현재 모든 대화가 완전히 단절되고 말았습니다. 대화를 거부한다는 것은 스스로를 폐쇄하는 것이며, 이러한 폐쇄는 폭력을 초래합니다. 개인의 활동은 가르침에 충실한 집단 안에서만 가능합니다. 다른 종교를 믿는 자들은 이 세상과 저 세상에서 모두 협박을 받게 됩니다. 오늘날 자신의 진실을 방어하거나 또는 비무슬림들에게 진실을 강제해야 한다는 이유로 무력에 근거한 폭력을 휘두르는 사람들은 실제로는 진실을 파괴하고 있으며 동시에 자유를 파괴하는 것이기도 합니다. 따라서 오늘날 우리가 해야 할 첫 번째 작업은 아랍 세계를 압박하고 있는 모든 직간접 구속과 폭력으로부터 학술 연구를 해방시키는 것입니다. 진실이 자유롭게 표현되지 못하는 사회는 종속된 사회이기 때문입니다.

후리아 독일 태생의 여성 철학자 한나 아렌트Hannah Arendt가 다음과 같이 말했지요. "자유가 없다면 사유도 불가능하다."

아도니스　자유 없이는 존재 자체가 불가능합니다. 인간의 자유를 빼앗는 것은 그의 언어를 빼앗는 것과 마찬가지입니다. 그런데 만약 언어가 개인의 표현 수단이라고 말한다면, 어떻게 개인의 언어를 빼앗긴 아랍인이 자신의 자유를 표현할 수 있을까요? 전혀 사적이지도 않고 개인적이지도 않은 언어가 어떻게 한 개인의 의식을 반영할 수 있을까요?

후리아　계시록은 다양한 층으로 구성된 책입니다. 계시록에서 요한은 예수를 귀족적이고 교양 있고 개성이 강하고 부드러운 사람으로 묘사했습니다. 그런데 증오의 책이라고 불리는 계시록도 있습니다. D. H. 로렌스는 '아포칼립스Apocalypse'라는 제목의 에세이에서 예수가 아닌 가룟 유다를 칭송했습니다. 로렌스는 만약 유다의 비극적 사건이 없었다면 예수는 절대로 예수가 될 수 없었다고 주장합니다. 그리고 로렌스는 아주 조심스럽게 다음과 같은 결론을 내립니다. '예수 그리스도에게 기도하는 사람은 실제로는 유다를 경배하고 있다'. 이슬람에서도 바로 이런 식의 해석이 필요합니다.

아도니스　사고하는 행위 자체가 금지되었기 때문에 사고하고 질문하는 것은 완전히 배제되었습니다. 경전은 절대 비판이나 논쟁의 대상이 될 수 없습니다. 무슬림은 자기 내부의 소리를 전혀 듣지 않으면서 꾸란 자체가 개인의 역사인 것처럼 스스로에게 반복해서 주입하고 있습니다. 무슬림은 살아남기 위해 계명과 금지 사항을 준수하는 '복종자'가 되었습니다.

폭력과 이슬람

후리아 기독교가 생겨난 이후에 탄생한 꾸란은 예수의 선한 행위는 전혀 언급하지 않고, 오로지 계시록에 기록된 증오만 언급합니다. 철학자 질 들뢰즈는 계시록은 최후의 권력에 관한 책이라고 말했습니다. 계시록은 다양성을 용납하지 않습니다. 신의 권력이 최종적으로 다른 모든 세력을 심판하기 때문입니다.

아도니스 저는 들뢰즈의 견해에 전적으로 동의합니다. 역사적 경험을 통해서 우리는 다음과 같은 결론을 내릴 수 있습니다. 이슬람의 실제 전략은 새로운 인간성에 대한 구상이 아니라 권력 확장에 근거를 두고 있다는 사실입니다. 이슬람은 개인의 이해, 연구, 질문, 그리고 성숙을 고양하는 종교가 아닙니다. 이슬람은 권력의 종교입니다. 오늘날의 이슬람이 이와 같은 성향을 증명하고 있습니다.

후리아 오늘날 IS는 세력을 확장하기 위해 가스와 유전 지역을 탈취하고 심지어 지하디스트들에게 피임약까지 팔고 있습니다. 다시 한번 재정 확보와 성 문제에 집중하고 있는 것이지요.

아도니스 IS는 과거에 행해졌던 폭력을 재현하고 있습니다. 진보는 전혀 없습니다. 왜냐하면 계시가 주어진 순간에 이미 진보가 완성되었기 때문입니다. 꾸란에는 이렇게 쓰여 있습니다. 꾸란에 대한 지배적인 해석에 따르면 다음과 같습니다. '이슬람은 유일한 종교이다.' '따라서 인류 역사에서 최고의 진보성을 구현하는 무함마드의 계시는 계속 재생산되어야 한다.' 만약 IS가 엄청난 폭력과 함께 과거를 체현하고 있다면, 우리는 이슬람이 해방의 종교가 아니라 인류의 이슬람화를 위해 굴복과 영원한 전쟁을 부추기는 종교라고 말할 수 있습니다.

후리아   저는 IS가 휘두르는 폭력은 억압되었던 폭력의 회귀가 아니라 분리되었던 폭력의 회귀라고 생각합니다. 즉, 이들의 폭력은 이슬람이 창시된 이후 한 번도 문제가 된 적이 없고, 무슬림의 종교와 그 종교의 설립과 관련된 모든 것이 신성화됨으로써 완전히 봉쇄된 채로 남아 있었습니다. 이렇게 봉쇄되었던 폭력이 다시 수면으로 떠오르면서 우리는 이제까지 던지지 않았던 질문들을 제기하게 되었습니다.

아도니스   아주 정확하게 지적하셨습니다. 문제를 제기하려고 시도한 사람들이나 새로운 해석을 시도한 사람들은 신비주의자, 철학자, 시인들처럼 배제되고 억압당했습니다. 이들은 사유하고 해석하고 그들의 이성과 창의적인 아이디어를 최대한 발휘했지만, 결국은 추방당하거나 처형당했습니다.

후리아   들뢰즈를 다시 한번 인용해야 할 것 같습니다. 그는 계시록에 나와 있는 영원히 지속되는 시간의 괴물성에 대해 얘기했습니다. 예수 그리스도는 우리의 삶 속에서 영원히 지속되는 것이 있다고 말씀하셨습니다. 선생님께서도 종종 삶의 충만함, 영원히 지속되는 삶을 언급하셨습니다.

아도니스   네, 맞습니다. 삶의 영원성에 대한 사상은 교회라는 제도가 탄생하면서 자취를 감추게 되었습니다. 그런데 이슬람은 인간적인 것에 속하는 모든 것을 배제하고, 자아조차 부정합니다. 오늘날 일어나고 있는 혁명들은 하늘로의 승천, 아니면 지옥으로의 추락만을 강조합니다.

후리아 선생님은 『육체의 시작, 대서양의 끝Commencement du corps, fin de l'océan』이라는 책에서 잔나jannah(천국)에 대해 아주 조심스럽게 묘사하셨습니다. 꿀이 강같이 흐르고 천상의 미녀들과 술 따르는 하인들이 넘쳐난다는 구약성서에 나오는 잔나를 떠올릴 때마다, 저는 이러한 이미지들이 초라하고 보잘것없다는 생각을 하게 됩니다. 이러한 구절을 읽는 사람은 영원히 마시고, 먹고, 짝짓기 할 수 있게 되었다고 환호성을 올립니다. 그렇다면 도대체 영성은 어디에 있는 것일까요?

아도니스 만약 신이 인간을 오로지 마시고, 먹고, 짝짓기만 하게 창조했다면 이는 신이 인간을 사랑해서가 아니라 혐오하기 때문이라고 볼 수 있습니다.

후리아 즉, 인간은 문화적인 존재가 아니라는 뜻이지요. 이 부분에서 미화라는 개념에 대해 더 자세히 살펴볼 필요가 있을 것 같습니다.

아도니스 이슬람은 자연을 경시하듯이 문화도 하찮은 것으로 생각합니다. 이슬람 세계관에서 자연은 완전히 배제되어버렸습니다. 따라서 저는 이슬람 일신교에는 두 가지 중요한 측면bu'd이 부재한다고 생각합니다. 즉, 미학적 측면과 과학적 측면입니다.

후리아 무슨 뜻인가요?

아도니스 자연은 개념상 다양성이 그 본질입니다. 그런데 완전한 일치라는 측면을 유독 강조하는 이슬람 세계관에는 자연 자체가 배제되어 있습니다. 아름다움이라는 가치는 유일한 존재와 그의 가르침에 의해 규정되기 때문에 아름다움에 대한 인식은 자연으로부터 생기는 것이 아니라 전지하고 모든 지식의 근원인 유일한 존재로부터 주어집니다. 그리고 지식과 깨달음 또한 모두 계시에 의해 결정됩니다. 저는 이슬람에서 중요시하는 형상화 금지가 다양성을 본질로 하는 자연에 대한 경시를 통해서 생겨났다고 생각합니다. 그리고 여성에 대한 평가절하도 자연을 무시함으로써 생겨났습니다. 여성이야말로 자연의 가장 숭고한 이미지를 대표합니다.

후리아 구약에서 이미 언급했고, 꾸란에서 반복해 강조하고 있는 형상화 금지에 대해 다시 생각할 필요가 있다는 말씀이시군요.

아도니스 형상화 금지가 경전에 언급되어 있을 뿐만 아니라 더 나아가서 오로지 신의 말씀과 경전에 적혀 있는 내용만이 유효합니다. 이러한 사실 때문에 인간의 삶과 관련된 모든 일을 글로 표현한 피끄흐를 가장 중요하게 생각합니다. 피끄흐는 무질서한 자연의 세계에 존재하는 인간을 언어의 세계로 인도합니다. 또한 피끄흐는 허용되는 것과 허용되지 않는 것을 명확하게 규정함으로써 개인의 선택권을 박탈합니다. 동시에 자유라는 개념 자체를 제한하고, 인식의 가능성을 열어주는 조건을 규정합니다. 따라서 문화는 법의 테두리 안에 갇힌 단순한 '가르침'일 뿐입니다. 인간의 삶 자체는 금지와 금기로 가득 찬 세계 안에 갇혀버리게 됩니다. 아랍 세계에서의 해방은 피끄흐와의 단절을 의미합니다. 역사적으로 볼 때 피끄흐는 권력 확장의 도구로 사용되면서 극단적으로 편협하고 빈약한 세계관을 이슬람 내에 심었

폭력과 이슬람

습니다. 피끄흐는 한 번도 철학적·과학적 시야의 확장과 해방을 촉진한 적이 없으며, 단지 정치 세력과 칼리프 국가를 정당화하면서 그 뒤에 붙어 다니는 법 제도일 뿐입니다.

후리아 1956년 6월 3일에 발표된 정치가 앙드레 말로André Malraux의 글은 다음과 같은 내용을 담았습니다. "우리 시대의 가장 눈에 띄는 현상 중 하나는 이슬람이 자행하고 있는 폭력이다. 하지만 사람들은 대부분 이러한 현상을 별로 중요하게 생각하지 않으며, 서구는 이슬람의 도전에 직면해 전혀 무방비한 상태에 있다."

아도니스 그런데 앙드레 말로가 지적한 이슬람은 아랍 세계의 이슬람이라는 사실을 분명히 해야 합니다. 저는 최근 인도의 케랄라Kerala주를 여행했습니다. 그곳에서 다양한 종교가 평화롭게 공존하는 데에 깊은 감명을 받았습니다. 케랄라주는 대략 인구의 60퍼센트가 힌두교인인데, 이들은 무슬림, 기독교인들과 공존하고 있습니다. 그곳 주민들은 이러한 다양성을 인정하고 존중합니다. 저는 힌두교인들, 기독교인들, 무슬림들과 대화하면서 무슬림들이 그 사회에 통합되어 있다는 사실을 확인할 수 있었습니다. 하지만 아랍의 이슬람 사상이 그곳에도 서서히 침투하여 세를 확장하고 있습니다. 전통적으로 이 지역의 여성들은 베일을 쓰고 다니지 않았습니다. 그런데 요즘은 소녀들을 포함한 여성들이 베일을 착용하고 다니는 모습을 자주 보게 됩니다. 이는 사우디아라비아의 영향이 점차적으로 공적 영역에 퍼지고 있다는 뜻입니다.

여성과 꾸란의 여성상

후리아 "저는 당신의 마음을 즐겁게 해드리기 위해 당신에게 저의 '꿈' 얘기를 해 드리겠습니다. 저를 매료시키고 저를 꼼짝 못 하게 하는 것은 바로 사랑입니다. 그리고 누군가 저에게 이 이야기의 제목이 무엇이냐고 묻는다면 저는 『장미 소설Le Roman de la Rose』이라고 대답할 것입니다. 이 소설은 모든 종류의 사랑을 포괄합니다. 신이여, 저에게 은총을 내려주셔서 저의 운명의 대상을 받아들일 수 있도록 해주소서. 사랑받는다는 것은 너무나 귀중하고 숭고하기 때문에, 우리는 사랑을 장미라고 불러야 합니다."[42]

선생님이 저술하신 『육체의 시작, 대서양의 끝』에서 여성의 등장은 이렇게 아주 장엄하게 묘사됩니다. 여성성과 여성에 대한 찬양은 시를 통해 많이 표현되고 있습니다.

아도니스 시적으로 표현하자면 우주는 여성적이라고 말할 수 있습니다.

후리아 아랍 작품들은 체제에 저항하고 선구자적 역할을 했던 여성들의 이름을 아주 정확하게 기록하고 있습니다. 예를 들어 무슬림의 신비주의를 개척한 사람은 바로 라비아Rābi'a[43]였습니다. 또한 파

---

42 Guillaume de Lorris et Jean de Meung, *Le Roman de la Rose*, Gallimard, ≪Folio≫, 1984, p. 20.

티마는 무함마드가 죽음을 면할 수 없는 인간 중 한 명일 뿐이라는 사실을 분명히 했습니다. 그리고 무함마드의 아내인 아이샤`A'ishah`[44]는 예언자의 아내들은 집 밖으로 나가지 말아야 한다는 꾸란의 명령[45]을 어겼을 뿐만 아니라 전쟁을 이끌기도 했습니다.

아도니스　여성들은 항상 무시당하거나 사회에서 배척되는 존재였으며 그렇지 않으면 문자 그대로 짓밟혀왔습니다. 그들은 결정권을 가진 적이 한 번도 없으며, 항상 하등한 존재로 취급당했습니다. 따라서 여성들은 실제로 사회 구성원의 일부가 된 적이 없습니다. 그저 단순한 장식품으로 취급되었을 뿐입니다. 이러한 문화 때문에 부정의에 대한 의식과 저항 의식이 일찍부터 여성들에게 심어졌습니다. 노동에 대한 권리도 박탈당하고 자립할 수도 없었기 때문에 여성들은 자신들을 무시하는 체제에 저항조차 할 수 없었습니다. 그럼에도 불구하고 방금 언급한 여성들처럼 혁명적인 여성들이 존재합니다. 아이샤, 파티마, 라비아, 그리고 사자흐`Sajāh` 등의 여성이 있습니다. 사자흐는 한 부족의 수장으로서 권력을 직접 행사했기 때문에 가장 중요한 인물로 취급되고 있습니다.

후리아　『알키탑』을 읽기 전까지 사자흐의 존재를 알지 못했습니

43　라비아는 이슬람 신비주의 속하는 최초의 여성으로, 바스라에서 태어났으며 헤지라 135년 사망했다.

44　무함마드의 제일 어린 부인.

45　꾸란 33:33.

다. 그리고 사자흐에 대해 인용하고 있는 책은 거의 없습니다. 사자흐는 시바의 여왕인 빌끼스Bilqis와 같은 여성 지도자들에게 견줄 만한 인물입니다. 그녀는 메카와 메디나의 관습에 얽매이지 않고 진정한 사랑과 욕구에 따라 결혼한 여성입니다. 이 여인에게 매료되어서 『알키탑』 제1권[46]에서 이 여인에 대한 아름다운 시를 지으셨지요.

아도니스 그녀는 상당히 특별한 결혼 지참금을 요구했습니다. 그것은 결혼을 통해 종교와 전통의 억압에서 벗어나게 해달라는 것이었어요. 이는 그녀의 미래의 남편 무사일리마Musaylima에게 다음과 같은 요구를 한 것이나 다름없습니다. '종교적 억압에서 저를 해방시켜준다는 조건에서 당신과 결혼하겠습니다. 우리 결혼은 종교와 아무런 상관이 없습니다.' 기가 막히지 않습니까!

후리아 사자흐는 결국 전통을 따르지 않았습니다. 지참금을 거부하면서 그녀는 자신이 팔려 가고 싶지 않다는 의사를 분명히 표시했습니다. 그녀는 신중한 부족의 수장으로서 무사일리마의 마을인 알야마마Al-Yamāma가 그녀의 부족에 상당한 양의 곡식을 제공해야 한다는 협상을 벌였습니다. 또한 그녀는 네 개 부족의 수장이었다는 사실을 잊지 말아야 합니다. 그녀를 모셨던 사람들에는 그녀의 삼촌들도 포함됩니다. 그녀가 통치했던 부족의 남자들은 여자의 통치를 받는다는 사실을 전혀 부끄러워하지 않았습니다.

---

46 Adonis, *Al-Kitâb*, Paris, Seuil, 2007, p. 28.

아도니스   이러한 혁명이 가능할 수 있었던 중요한 조건들 중 하나는 그녀가 종교를 멀리했다는 사실입니다. 사자흐와 무사일리마의 만남은 단순하게 한 여자와 한 남자의 만남이었습니다. 이는 종교와 종교의 가르침, 그리고 종교가 강요하는 조건들을 초월한 세속적 행위였습니다.

후리아   남녀 간의 만남도 세속적이라고 하셨습니다. 무슨 뜻인가요?

아도니스   사자흐는 종교를 초월한 인물입니다. 그녀는 이슬람이 점차 세력을 확장하던 시기에 이러한 결정을 내렸지요. 그녀는 이슬람의 원칙 자체를 거부했습니다.

후리아   또는 일종의 생존 방식이었겠지요. 아이샤도 그의 남편인 무함마드가 세운 원칙들을 거부했습니다. 라비아는 신비주의 사상가 알할라즈al-Hallāj[47]보다 훨씬 전에 모든 교리로부터 영성을 해방시키기 위해 카바Ka'bah의 파괴를 주장한 최초의 여성입니다.

아도니스   이들은 실제로 모두 이슬람의 가르침을 거부한 여성입니다. 그들의 행동이 이를 증명합니다. 한 가지 잊지 말아야 할 사실은 이 여성들의 파트너들이 그녀들을 지지했다는 사실입니다. 아이샤와 사자흐의 남편들은 아내들을 적극 지지했습니다. 이 남성들은 여

---

47   이슬람 역사에서 가장 유명한 신비주의 사상가로, 858년(헤지라 244년)에 파르스(Fars)에서 태어났으며 922년(헤지라 309년) 십자가형을 당했다.

성과 남성 사이의 친밀함과 애정을 기반으로 하는 혁명에 동참했습니다. 여성들의 혁명에 동참한 남성들과 혁명적 여성성을 지지하는 남성들은 여성성의 일부로 간주됩니다. 그리고 이러한 여성성은 여성의 존재 자체를 넘어섭니다. 따라서 이러한 만남은 성적 정체성과 성적 욕구를 초월하는 두 인간의 친밀한 교류라고 할 수 있습니다. 한편에는 여성들을 구속하고 꾸란 경전을 통해서 이러한 예속성을 고착화하는 이슬람이 있고, 다른 한편에는 여성성을 욕망과 재생의 원천으로 정의하는 시인들이 있습니다. 여성성은 끊임없이 변화했으며 아직도 변하고 있습니다. 여성성은 그 자체로 무한한 가능성이 있습니다. 따라서 여성성은 근본적으로 반종교적이라고 말할 수 있습니다.

후리아 계속 재생되는 무한성에 대해서 설명하기 위해서 이븐 아라비는 빌끼스의 표현을 빌렸는데, 이는 소크라테스Socrates가 디오티마Diotima를 통해 자신의 생각을 묘사한 것과 같습니다.

아도니스 전적으로 동의합니다. 일반적인 남성은 종교와 행동을 같이 하는데, 이는 종교가 권력과 연관되기 때문입니다. 그리고 권력을 손에 쥔 남성은 여성을 지배하기를 원합니다.

후리아 우리는 신학적 텍스트와 신비주의적 텍스트 사이의 차이에 대해서 계속 떠올리게 됩니다. 신비주의적 텍스트에서 여성(빌끼스)은 역동적인 움직임이나 활기 찬 서도書道에 관심을 보이는 반면, 남성(솔로몬)은 소유와 권력, 승리를 갈구합니다. 마지막 신비주의 사상가로 알려져 있는 조르주 바타유Georges Bataille는 파리 콩코르드광장에 세워져 있는 오벨리스크를 철거해야 한다고 주장했습니다. 오벨리스크에는 남근 숭배에 기반을 둔 소유의 상징이 새겨져 있기 때문입니다.

아도니스 방금 하신 말씀에 전적으로 동의합니다. 여성성은 시와 마찬가지로 종교에 근본적으로 저항하기 때문입니다. 시는 본질적으로 종교성에 상반합니다. 왜냐고요? 종교는 응답이기 때문입니다. 반대로 시는 질문입니다. 질문이기 때문에 시는 권력의 반대편에 있습니다. 이런 의미에서 시와 여성성은 상당히 유사합니다. 이슬람은 시와 여성성 모두를 계속 억압해왔습니다. 이슬람은 성적 본능을 왜곡하고 여성성을 이슬람화했습니다. 이슬람은 여성성을 왜곡함으로써 여성성을 일개 소유물이나 소유 대상으로 만들어버렸습니다. 여성은 자신을 스스로 소유할 수 있는 권한을 박탈당했습니다. 여성은 남성의 소유 대상일 뿐입니다. 이슬람은 남성적인 것과 여성적인 것을 근본적으로 구분해버렸습니다.

후리아 인간 모두에게는 양성적 성향이 있다고 생각합니다. 그런데 이슬람교는 남성적인 것을 권력에 귀속시키고 여성적인 것을 예속에 귀속시켰습니다.

아도니스 더욱 문제가 되는 것은 남성성이 신의 상징이 되었다는 사실입니다. 남성은 왕이며 지상의 칼리프입니다. 그리고 여성은 그의 소유물일 뿐입니다.

후리아 꾸란은 이렇게 기록하고 있습니다.

여성들은 너희들이 가꾸어야 할 경작지[harth]와 같나니

너희가 원할 때 경작지로 가까이 가라.[48]

아도니스　여성은 하르스harth(경작지)이기 때문에 아이를 낳는 수
단으로서만 존재합니다. 여성의 여성성과 혁명적 성향, 존재적 아름다
움, 더 나아가서 우주의 본질인 여성의 아름다움 등은 감추어지거나
소멸되었습니다.

후리아　꾸란의 다른 구절에는 다음과 같이 기록되어 있습니다.

순종치 아니하는 여성에게는

방에 따로 가두어서 때려 줄 것이라.[49]

비록 꾸란에는 여성이 "남성들의 소유물mâ malakat al-yamin"이라는
구절은 없지만 다음과 같이 분명히 기록되어 있습니다.

좋은 여성과 결혼하라

두 번 또는 세 번 또는 네 번도 좋으니라.

[……] 또는 전쟁에서 노획물로 취한 것들과 결혼하라.[50]

48　꾸란 2:223.
49　꾸란 4:34; 저자들에 의한 번역 수정.

제가 알기로 "결혼하라"는 인카후inkahu 동사의 번역어입니다. 인카후에는 '그들을 취하라'라는 성적인 의미가 있습니다. 따라서 우리는 '원하는 대로 취하라'라고 번역할 수 있습니다.

아도니스　그리고 남성의 우월성을 강화하기 위해 이슬람교는 여성을 죄의 상징으로 전락시켰습니다.

후리아　구약성서에서도 여성을 죄와 동일시하고 있지요. 이러한 관점에서 본다면 이슬람이 새로운 사실을 지어낸 것은 아니지만 성경과 나란히 여성의 타락을 강조하고 있습니다.

아도니스　이슬람은 여성의 타락화를 내면화하고 강화했습니다. 이슬람은 여성을 소유물로 전락시키고 성적 본능을 정형화했습니다. 즉, 성적 본능을 법의 테두리 안에 가두어버렸습니다. 그 후에 우리는 허용되는 영역과 허용되지 않는 영역이 확실히 구분되는 세계에서 살게 되었습니다. 따라서 여성성은 허용되거나 허용되지 않는, 정형화된 대상물이 되어버렸습니다. 이것이 바로 왜곡의 절정이며 여성성과 여성 그 자체, 그리고 욕망에 대한 부정의 절정입니다. 종교가 욕망을 왜곡했으며, 성적 본능과 사랑이라는 감정 자체를 변형했습니다. 저는 심지어 종교가 사랑 자체를 폐기해버렸다고 생각합니다.

후리아　그런데 구약성서에는 남자가 자신의 아내를 따르기 위해 부모에게서 떠나야 한다고 기록되어 있습니다. 하지만 꾸란에는 이런

50　꾸란 4:3.

내용이 기록되어 있지 않습니다.

아도니스 더 정확하게 말씀드리겠습니다. 이슬람은 성적 본능을 왜곡했고, 사랑을 부정하고 여성 자신과 타자인 남성의 관계를 변형해 버렸습니다. 모든 관계를 왜곡해버린 것입니다. 이슬람에서 중요시되는 관계는 주인과 노예의 관계, 즉 소유하는 자와 소유당하는 대상의 관계입니다. 그런데 무슬림들은 이와 같은 사상 때문에 종교 자체가 해체될 것이라고는 절대 생각하지 않았습니다. 종교가 소유를 정당화하고 영성을 무시하는 수단으로 전락했기 때문입니다.

후리아 프로이트 이전에 활동한 신비주의 사상가들은 인간의 양성적 성향에 관해 언급했습니다. 그들은 모든 인간에게 양성적 성향이 있다고 생각했습니다. 하지만 이슬람은 이러한 성향을 철저히 부정합니다. 수메르와 그리스의 여신들은 일개 소유물이나 그림자 또는 환영으로 전락했습니다. 이는 마치 이슬람이 기독교 성경의 남성 중심적 사상을 더욱 강화하고, 여성을 억압하기 위해 설립된 것처럼 보이게 합니다.

아도니스 이슬람은 인간으로서의 여성에 대한 이미지조차 변형해버렸습니다. 우리가 '이슬람의 여성'에 대해 언급할 때, 우리의 생각은 자동으로 여성의 생식기관을 떠올리게 됩니다. 여성은 생식기관과 동일시됩니다. 이슬람은 여성을 매장했습니다. 여성이라는 인격적 존재는 사라지고 '여성'이라고 불리는 생식기관이나 환영이 남아 있을 뿐입니다. 이슬람은 여성을 남성의 성적 욕구와 즐거움을 충족시키는 도구로 전락시켰습니다. 즉, 이슬람은 남성의 지배와 권력을 확립하고 더 공고히 하기 위해 여성의 자연적 기능을 이용할 뿐입니다.

후리아   남성의 성적 욕구가 강해질수록 여성의 종속성은 더 심화되었습니다. 이러한 상황에 대해 공개적으로 논의하고, 이의를 제기하고, 변화를 추구하는 것은 모두 신성모독 행위로 여겨졌습니다.

아도니스   그리고 지상에서 행해지는 여성과의 교제는 오로지 규범과 법률에 의해서만 가능합니다. 이러한 사실 때문에 이슬람이 이스티바하istibāḥa라고 과장해서 말할 수 있습니다.

후리아   이스티바하는 '방탕'이라는 뜻이지요.

아도니스   종교의 이름으로 행해지는 방탕입니다. 이슬람은 부인을 한 사람, 두 사람, 세 사람, 네 사람까지 둘 수 있으며 포로로 잡혀 온 수많은 여인을 취하도록 권장합니다. 역사적으로, 그리고 종교적으로 볼 때 이슬람은 항상 정복과 사비saby(포로의 노획)를 권장해왔습니다.

후리아   21세기에도 여성 포로들이 상품으로 팔려나가고 있습니다. IS는 여성 포로의 가격을 아주 정확히 정하고 있습니다. 아주 어린 소녀들이 가장 비싸게 팔려나갑니다. 정말 끔찍한 일입니다!

아도니스   끔찍한 것은 사실입니다. 하지만 이러한 행위는 철저하게 종교적이라고 볼 수 있습니다. 가장 어린 소녀가 가장 비싸게 팔려나가는 것은 그 소녀가 처녀이기 때문입니다. 제가 아주 오래전부터, 그리고 계속 말했듯이 무슬림은 사랑을 금전화했습니다. 그리고 금전에서 권력이 나옵니다. 방금 21세기라고 말씀하셨지요. 우리가 21세기에 사는 것은 맞습니다. 하지만 IS는 인간이나 인간의 존엄성에 대한 개념 자체를 거부합니다.

후리아 이러한 이미지들은 소름이 돋게 합니다. 철창에 갇힌 여성들은 흰 옷을 걸치고 있는데, 이는 여성들이 수니파라는 것을 증명하기 위해서입니다. 저는 여성 문제를 다루는 방식에 따라 사회의 진보성이 드러난다고 생각합니다. 제가 생각하기에 현재의 아랍-무슬림 사회는 역사를 거스르고 있는 것 같습니다.

아도니스 이슬람 이전 시대의 여성들은 자유로웠습니다. 적어도 이슬람의 여성들보다 훨씬 자유로웠습니다.

후리아 심지어 보통 인간의 여성스러움도 처벌의 대상이 되고 있습니다.

아도니스 여성성은 완전히 배제되었습니다. 소유에 대한 사랑과 꾸란에 기록되어 있는 천상의 미녀를 통해 얻을 수 있는 즐거움만 남아 있습니다. 이 미녀들은 실제로 여성이 아니라 여성의 성 기능만을 가지고 있는 존재입니다. 지상의 여성은 계속 존재합니다. 하지만 이슬람은 일반적인 여성의 이미지를 넘어서는 상상의 이미지를 만들어냈는데, 바로 후리houri(천국의 여성들)입니다. 천국은 영원히 지속되는 즐거움과 지상과 구별되는 특별한 즐거움을 보장합니다. 하늘이나 땅, 결국은 모두 성적 본능이 지배합니다.

후리아 꾸란은 한 남성이 네 명의 아내를 취할 수 있다고 기록합니다. 그런데 무함마드는 아홉 명의 부인 외에도 첩을 취할 권리가 있었는데, 꾸란은 첩의 수는 언급하지 않았습니다. 꾸란의 구절은 "두 번 또는 세 번 또는 네 번도 좋으니라"[51]라고 분명히 말합니다. 남자들에게 천국은 지상에서 시작된 쾌락의 연장을 보장하는 곳입니다.

아도니스 가능성은 무한하게 열려 있습니다. 이슬람의 남성은 방탕 그 자체를 상징합니다. 종교를 통해 남성은 이 세상과 천국에서 여성을 마음대로 취할 수 있는 완전한 자유를 보장받았습니다. 남성의 쾌락은 어떠한 제재도 받지 않고 제한도 없습니다.

후리아 유튜브에 점점 늘어나는 이슬람주의자들에 대한 비디오들 때문에 아연실색하게 됩니다. 만약 남편이 출근하는 길에 '유혹적인' 자신의 아내를 보게 되면 이렇게 처신하라고 이맘은 설명합니다. 남편은 집으로 다시 들어가 자신의 성적 욕구를 발산해야 한다. 무슬림 여성은 항상 집에 머물면서 남편의 욕구를 충족시키기 위해 일을 해서는 안 된다.

아도니스 더 심각한 문제는 아랍과 무슬림의 혁명은 여성에 대한 문제가 제기되는 즉시 혁명성을 상실한다는 사실입니다. 혁명가들조차 여성 문제에 관해서는 여전히 근본주의적입니다.

후리아 제가 기억하기로 선생님이 ≪마와끼프Mawāqif≫ 잡지사를 그만두신 것은 여성과 관련된 문제 때문이었지요.

아도니스 맞습니다. 편집위원회에서 아랍 세계와 꾸란 경전에 비

---

51 꾸란 4:3.

친 여성의 문제를 다루는 특별호를 만들려고 했습니다. 위원회는 무슬림 법에 정통한 전문가에게 율법과 판례에 따른 무슬림 여성의 지위에 관한 소논문을 청탁했습니다. 그런데 그 전문가는 원고 청탁을 거부했습니다. 저는 다른 법률 전문가에게 청탁해보았지만, 모두 이러한 주제를 다루기를 꺼렸습니다. 그래서 잡지사를 그만두었습니다.

후리아 전문가들이 거부한 이유가 두려움 때문이었나요, 아니면 논문의 내용이 까다로워서였나요?

아도니스 사실대로 말하자면 협박과 심판, 그리고 계속 따라다닐 손가락질 때문이었다고 생각합니다. 우리나라에서는 이러한 주제를 언급하면 목숨의 위협을 받습니다. 저는 이 일을 지켜보면서 1500년 동안 유지되었던 정치적·종교적 검열의 실제성을 몸으로 느낄 수 있었고, 이러한 검열이 우리 문화의 본질이라는 사실을 깨달았습니다. 저는 개인의 주장이나 자유로운 사상에 대한 권리를 방어하지 못하는 잡지에 제 시간을 더는 투자하지 않기로 결정했습니다. 우리 일상을 지배하는 근본적인 사안에 문제 제기조차 하지 못하는 거짓 혁명을 지지할 수 없었습니다. 그래서 잡지사에 사표를 던졌습니다.

후리아 ≪마와끼프≫는 시와 에세이, 그리고 정치 분야에서 혁명적인 내용을 실었던 잡지입니다. 이 잡지에 기고한 작가들은 이집트 나세르Gamal Abdel Nasser 대통령이 최고로 명성을 누릴 당시, 나세르의 정치를 비판하는 데 주저하지 않았던 사람들입니다. 하지만 이들은 여성에 관한 주제는 언급하기를 주저하거나 꺼립니다. 여성에 대한 주제는 터부로 남아 있어야 하기 때문입니다.

아도니스　남성에게 박혀 있는 종교적 뿌리는 조금도 변하지 않았습니다.

후리아　프랑스의 철학자 피에르 부르디외Pierre Bourdieu는 독일 작가 귄터 그라스Günter Grass와의 인터뷰에서 다음과 같이 말했습니다. 지식인들은 "더 자주 그들의 입을 열어야 한다." 아랍 세계에서 여성은 계속 모욕당하고 공포에 떨며 상처받은 존재로 인식되고 있습니다. 어떻게 이러한 이미지들에 대한 문제 제기가 아직까지 없는 것일까요?

아도니스　무슬림은 의식적이든 무의식적이든 이러한 관습을 계속 유지해왔습니다. 왜냐하면 그들은 항상 여성을 천하게 취급해온 종교와 문화에서 태어났기 때문입니다. 따라서 무슬림은 무의식적으로 이러한 관습을 체화했습니다. 여성은 인간으로서의 존재 가치를 소유하지 못하며, 사거나 팔 수 있는 물건일 뿐입니다. 즉, 여성을 철창에 가두고 판매하며 그들의 나이나 미모에 따라 가격을 매기는 것 등의 관습이 아랍 세계 여성 역사의 일부분을 이룹니다. 전혀 새로운 사실이 아니라는 뜻이지요. 이슬람의 여성은 진정한 인간이 아니라 하나의 물건일 뿐입니다.

후리아　여성을 성적 도구로 왜곡하는 당혹스러운 사실 외에도 제가 생각하기에 아랍의 지식인들은 남성이 종교를 통해 상식 이상의 특권을 누리고 있다는 사실에 대해 전혀 반문하고 있는 것 같지 않습니다. 방금 혁명주의자들도 근본주의적이라고 말씀하셨지요. 저는 학술대회에서 여성에 관해 발언했을 때, 이러한 사람들과 부닥친 적이 있습니다.

아도니스 비극이라고 생각합니다. 아랍 남성은 이 땅에 발을 붙이고 사는 사람들이 아닙니다. 그들은 역사를 알지도 못합니다. 그들은 유럽이나 아시아, 오세아니아 등 지구상의 그 어느 곳에도 존재하지 않습니다. 그들이 살고 있는 곳은 천상입니다. 아랍의 무슬림은 모두 천상에서 살고 있습니다. 그들은 지상의 현실이나 역사와 아무런 관련이 없는 사람들입니다.

후리아 튀니지의 보수주의자들은 부르기바Habib Bourguiba 대통령이 정착시키려고 했던 남성과 여성의 평등을 위한 제도를 전복하기 위해 갖은 애를 썼습니다. 그럼에도 불구하고 제가 기억하기에 부르기바 대통령은 상속 문제를 제외한 모든 분야에서 양성 평등을 관철하기 위해 노력했습니다.

아도니스 꾸란에 실제로 이렇게 기록되어 있습니다. "신께서는 아들에게는 두 명의 딸에 해당하는 양을 할당하라고 명하셨다."[52] 부르기바 대통령은 제도의 세속화를 위해 많은 노력을 기울였습니다. 하지만 평등성과 민주주의는 꾸란 경전에 기록되어 있지도 않고, 아랍 역사에도 없다는 사실을 잊어서는 안 됩니다. 민주주의는 서구에서 도입된 제도입니다. 우리가 오늘날 말하는 자유는 꾸란에 기록되어

---

52 꾸란 4:11.

있지도 않으며 이슬람 세계에 존재하지도 않는 개념입니다. 자유는 민주주의와 마찬가지로 서구에서 잉태된 개념이며, 서구 사상의 지배를 받는 개념입니다.

후리아 여성은 아랍의 봄 혁명 때문에 오히려 가장 많은 피해를 본 계층에 속합니다.

아도니스 여성은 더 잃을 것이 없기 때문에 피해를 보았다고 말할 수도 없습니다. 부르기바 대통령은 여성의 권익을 위해 종교와 국가를 분리하려고 노력했습니다. 중동 지역에서도 여성의 노동권, 여성해방, 가정법 등의 분야에서 상당히 흥미로운 진보가 있었습니다. 하지만 문제가 되는 것은 꾸란 경전 그 자체입니다. 왜냐하면 꾸란 경전이 아랍 세계의 사회적·경제적 삶을 정확하게 규정하고 있기 때문입니다. 우리는 여성이 직업을 갖게 되고 자국의 사회적·경제적 문제에 활발하게 참여하게 되었다는 이유만으로 여성의 지위가 향상되었을 것이라고 기대하게 됩니다. 하지만 불행하게도 우리는 여성의 지위가 더 나빠지는 현상을 목격하고 있습니다. 과거의 여성은 분명히 별 볼일 없는 역할을 수행하긴 했지만 시인이자 음악가이자 무용수였습니다. 여성은 여러 분야에서 자신의 탁월함을 발휘할 수 있었습니다. 하지만 오늘날 IS와 이라크, 시리아에서는 꾸란 낭독 경연대회를 열어 1등을 한 사람에게 여성 포로를 상품으로 주고 있습니다. 이는 여성에 대한 모욕이며, 꾸란 경전에 대한 모욕이기도 합니다.

후리아 이는 모든 여성에 대한 모욕이라고 생각합니다. 선생님께서 우리나라의 종교적 신념은 절대 변하지 않을 것이라고 말씀하셨는데, 이제 그 말씀을 더 잘 이해할 것 같습니다. 튀니지에서 진행된 세속화 정책은 충분히 열매를 맺을 수 있었습니다. 그런데 튀니지 남성이 알제리 여성이나 다른 아랍 국가 여성을 아내로 삼기를 선호한다는 사실을 최근에 알게 되었습니다. 튀니지 여성은 부르기바 대통령이 도입한 특권 때문에 권리를 너무 많이 주장하기 때문이라고 합니다.

아도니스 아랍 남성은 근본적으로 종교적인 인간입니다. 이는 비통한 사실입니다.

후리아 페미니스트 심리학자인 앙투아네트 푸크Antoinette Fouque는 자신의 저서에서 성차별주의, 여성 혐오, 남성 우월주의 등을 논하는데, 저는 푸크의 책을 읽으면서 이러한 개념들이 아랍 세계에 없다는 사실을 깨달았습니다. 여성 학대에 대한 개념이 아랍에는 아예 없는 것이지요.

아도니스 서구 사회와 달리 아랍 사회에서는 성적 본능이라든지, 성에 관한 문제가 문화적 진보의 영향을 전혀 받지 못했습니다. 여성은 한 번도 의지를 가진 존재, 또는 스스로 행동할 수 있는 능력을 가지거나 사고할 수 있는 존재로 취급되지 않았습니다. 여성은 사회 발전에 기여할 수 있는 독립적 존재로 여겨진 적도 없습니다. 여성은 남성 문화의 지배를 계속 받아왔습니다. 그리고 종교가 이러한 세계관을 더욱 강화했고요. 심지어 종교는 이러한 세계관을 이론적으로 발전시켰습니다. 꾸란에서는 이렇게 말합니다.

남성은 여성보다 우월하다.

왜냐하면 신께서 여성을 남성에게 맞추어 지으셨기 때문이다.[53] [...]

후리아 꾸란에는 이런 구절도 있습니다.

남성이 여성보다 위에 있다.

신은 전능하시고 공평하시다.[54]

남성은 꾸란에 나와 있는 이러한 구절들을 계속 되풀이하고 있습니다. 서구에서는 여성에게 행해지는 부당한 행위를 표현하기 위한 단어들을 만들어냈습니다. 새로운 단어의 생성이야말로 사회가 발전한다는 증거입니다. 하지만 현재 아랍어에는 이러한 단어들이 전혀 존재하지 않습니다.

아도니스 오늘날까지도 일상생활에서 남자는 주는 자이고, 여자는 받는 자입니다. 남자는 능동적이며, 여자는 수동적입니다. 하지만 시를 통해 우리는 여성에 대한 다른 이미지를 발견할 수 있습니다. 파티마, 카울라Khaoula, 마이아Maïa[55] 등이 그 예입니다. 세속적이고, 궁

---

53 꾸란 4:34.

54 꾸란 2:228.

55 파티마는 임루 알까이스가 찬양한 여성이고, 카울라는 시인 타라파(Ṭarafa)의 시에 등장하는 연애하는 사람들 중 하나이며, 마이아는 아부 탐맘(Abū Tammām)

정풍宮廷風이거나 신비주의의 영향을 받은 시에 등장하는 여성은 꾸란에서 묘사하는 여성과 완전히 상반됩니다. 그런데 방금 지적하신 문제에 답하자면, 제가 알기로 현재 아랍어에는 성차별주의나 남성 우월주의, 여성 혐오와 같은 개념을 표현하는 단어가 없습니다. 다시 말하면 여성은 성생활에서와 마찬가지로 일상에서도 수동적인 존재로 여겨집니다. 쾌락은 남성에게만 허용됩니다. 여성은 남성에게 쾌락을 제공하는 존재일 뿐입니다.

후리아 아랍의 고전 문헌들을 연구하면서 쉽게 이해되지 않는 표현을 발견했는데 선생님이 설명해주셔서 겨우 이해하게 되었습니다. "그녀는 타흐타 풀란tahta fulān이었다." 그녀는 이름도 없는 자였다. 즉, 그녀는 그의 부인이었다는 뜻입니다.

아도니스 이 표현은 여성을 단지 수동적으로 묘사하고 있을 뿐만 아니라, 여성 혐오적 내용을 담고 있습니다. 여성은 문자 그대로 남자 밑에 있습니다. 그리고 이러한 공간적 상하 관계는 지배를 의미합니다. 여성은 지배당하거나 소유당하는 존재일 뿐입니다.

후리아 아랍어는 조금도 발전하지 않았습니다. '아드라adhrā(처녀)'라는 표현은 여성형만 있습니다. 마치 남성은 역사와 전혀 상관없는 존재처럼 여겨지고 있습니다. 남성은 남성으로 형성되는 것이 아

의 시에 등장하는 인물이다. *Le Dîwân de la poésie arabe classique,* Houria Abdelouahed & Adonis 옮김, Paris, Gallimard, ≪Poésie≫, 2008 참조.

니라 남성으로 태어납니다.

아도니스 이와 같은 사실을 볼 때 아랍 사회는 아직도 근대화되지 못했다고 할 수 있습니다. 여성은 남성이 원하는 모든 것을 실현할 수 있는 발판이며, 여성을 통해 남성들의 꿈이 실현됩니다. 따라서 여성은 능동적인 남성의 욕구를 충족시키는 일개 수단에 불과합니다. 또한 자연에 대한 배제와 종교의 일상화는 아랍 문화에서 정신분석학적 사고가 정착하는 것을 불가능하게 했습니다. 특히 베일 착용 문제나 여성 문제에 관해 그러합니다. 그 외에 자연인으로서의 여성은 존재하지 않습니다. 여성은 꾸란에서 규정한 여성(여성-샤르)으로 대치되었습니다. 여성은 자궁으로 대체되었으며 여성성은 남성의 씨앗을 받기 위한 밭으로 축소되었습니다.

후리아 우리 사회는 여성의 운명을 육아에 한정하고 있습니다. 갱년기는 아랍어로 신누 엘야스sinnu l'ya's(절망의 시간)입니다. 갱년기에 이른 여성은 죽음을 준비하면서 하염없이 기다리는 일 외에 남아 있는 것이 없습니다.

아도니스 이는 여성과 여성에 관련된 모든 것에 대한 모욕입니다. 자연도 불가사의하고 신비스러운 존재가 아니라 여성과 마찬가지로 신에게 충성하는 자들의 욕구를 채워주기 위해 신이 직접 창조한 도구로 전락했습니다. 이슬람의 관점에서 볼 때 진실은 신의 손에 놓여 있습니다. 즉, 진실은 꾸란 경전 안에 갇혀 있으며 실제로 경험하게 되는 현실과 전혀 상관이 없습니다. 결과적으로 우주의 신비한 변화를 이해하려고 시도하는 사람들의 도전 정신은 가차 없이 심판받습니다. 지식은 계시 안에서 완성되었습니다. 개인의 삶은 천국이나 성스러운 가르침에 나오는 다른 세계로 가는 다리 이상의 역할을 하지 못합니다. 계시에 적힌 구절들이 세계와 존재 자체를 규정합니다.

후리아 신비주의의 많은 글에서 베일은 사물을 가리는 장막이라는 개념으로 쓰였지만, 요즘은 여성의 몸을 덮는 천이라는 의미로 쓰입니다. 즉, 베일은 상당히 좁은 의미로 축소되었으며, 심지어 저속한 의미로 이해되기도 합니다. 이는 신비주의자들이 가지고 있는 베일에 대한 이해나, 또는 자크 데리다Jacques Derrida와 엘렌 식수Hélène Cixous가 발표한 논문 「베일Voiles」에서 묘사된 아주 섬세한 베일의 개념과 상반됩니다.

아도니스 여성성은 자궁으로 축소되었습니다. 경작되어야 할 밭에 불과한 것이지요. 소포클레스Sophocles는 시간이 진실을 밝혀준다고 말했습니다. 하지만 이슬람에서는 오로지 신만이 진실을 밝혀주는 존재입니다.

후리아 모로코의 여성은 남편의 폭력에 대응하기 위해 모임을 만들기 시작했습니다. 여성들은 자신들의 몸이 때때로 남편의 어이없는 환상을 실현하는 도구로 이용되고 있다는 사실을 깨닫기 시작했습니다. 그런데도 아랍어에는 아직 남편의 폭력을 묘사하는 법률 용어가 없습니다. 따라서 남편의 폭력이나 성차별주의, 남성 우월주의에 저항하기 위해 서구의 언어에 의존해야 합니다. 아랍어는 무척 아름답지만 현재 아랍 사회의 남녀 관계를 표현하는 데는 부적절합니다. 제가 이렇게 말해도 될까요?

아도니스 네, 그렇게 표현할 수 있습니다. 하지만 언어 자체에 문제가 있다기보다 아랍인들에게 사고하는 행위 자체와 혁신이 부재한다고 표현하는 것이 더 정확하겠지요. 꾸란 경전에 의하면 시인이나 소설가, 철학자는 자신의 주체성을 자유롭게 표현할 수 있는 자아를 가지고 있지 않습니다. 따라서 그들은 여성이나 성적 욕구, 육체에 관한 주제에 대해 스스로의 생각을 발전시킬 수 없는 존재들입니다. 자유의 부재는 곧 주체성의 부재를 의미하며 또한 사회 변화에 적응하기 어렵게 만듭니다. 자아에 대한 인식과 자유가 부재한 상태에서 개인이 어떻게 사유할 수 있겠습니까? 살라피스트 문화 내의 주체성 부재에 대한 책을 언급하셨지요. 제가 바로 그 책에서 이와 같은 문제를 다루었습니다.

후리아 그런데 제가 아랍 세계의 가장 큰 아이러니라고 생각하는 것은 신비주의적 문학작품이나 철학 사상이 꽃피웠다가 곧 사라진 것과는 반대로 연애를 다루는 문학작품들은 몇 세기를 걸쳐 계속 나왔다는 사실입니다.

아도니스 물론 연애소설은 많지만 그 소설 속에서도 여성은 인형처럼 묘사되고 있다는 사실을 잊어서는 안 됩니다. 성적 욕구와 관련된 엄청난 양의 작품이 있습니다. 하지만 주로 여성을 어떻게 소유하는가, 남성은 어떻게 여성의 신으로 군림할 수 있는가, 어떻게 욕구를 충족시킬 것인가 등의 주제를 다룹니다. 모든 작품은 남성의 성적 욕구와 그의 성적 능력에 집중하고 있습니다. 여성을 남성의 성적 욕구에 부응해야 하는 존재로 그립니다. 여성은 남성의 손에 놓여 있는 일개 진흙 덩어리로 묘사됩니다.

후리아 그렇다면 연애소설들은 꾸란 경전과 성인들의 격언집에서 권면하는 소유된 여성들을 해방시키는 데 전혀 기여하지 못했다는 말씀이시군요.

아도니스 아랍 세계에는 두 가지 담론이 존재합니다. 하나는 꾸란, 즉 종교와 연결되어 있습니다. 이 담론이 아랍 세계를 규정하는 공식적인 담론입니다. 두 번째 담론은 이슬람 이전 시대에 생성되었으며, 이슬람 이전 시대의 시에서 나온 담론으로 현재 사회에서 소외된 담론입니다. 이 담론은 아랍 사회에 존재하는 다른 종류의 삶을 찬양합니다. 이 담론에서 여성은 다른 사회적 지위와 생활양식을 보장받습니다. 예를 들어 임루 알까이스는 다음과 같은 시를 남겼습니다.

그녀 뒤에서 [아이가] 눈물을 터뜨리면, 그녀는 가슴을 물리고,
동시에 그녀는 내 밑에서 다리를 벌렸다.[56]

후리아 이 여성은 어머니로서 온전한 여성으로 묘사됩니다. 실

---

56 *Le Dîwân de la poésie arabe classique, op. cit.* 참조

제로 이 시는 어머니와 여성이 전혀 다른 존재가 아니라는 것을 보여줍니다.

아도니스 많은 시인이 여성의 여러 모습을 아주 아름답게 묘사하고 있습니다. 여성은 신이 될 수도 있고 자신의 남편에게 '예'와 '아니요'를 둘 다 말할 수 있는 귀부인이 될 수도 있습니다. 따라서 아랍 세계에 두 가지 담론이 존재한다는 사실을 기억해야 합니다. 종교적 담론은 인간을 억누르며 여성을 심판합니다. 그리고 비종교적 담론은 주류에서 밀려나 지하에만 존재하지만 분명히 좀 더 인간적이라고 할수 있습니다. 상당히 인간적이지요.

후리아 그리고 신비주의에 속하는 담론도 있지 않을까요.

아도니스 신비주의는 시와 철학 전통을 계속 유지했으며 여성에 대한 찬양도 아끼지 않았습니다. 다행스럽게도 여성의 사랑을 표현한 시들이 아직 남아 있고, 또한 편협한 종교적 비전을 초월했던 시인들도 있습니다. 신비주의 사상가들은 이렇게 말합니다. "여성의 손길이 미치지 않는 모든 공간은 생식력이 배제된 공간이다."[57]

아도니스 아랍 남성들은 불임에 대한 생각 자체를 거부하고 있습니다. 그들은 자신의 생식 능력을 절대 의심하지 않습니다.

후리아 불임 문제를 우리 사회에서 논의하는 것은 어렵다고 생각합니다. 우리의 언어는 사회 변화에 맞추어 발전하지 못했기 때문

---

57 이븐 아라비의 글.

입니다. 그렇다면 과연 아랍 세계에서 근대성은 달성될 수 있을까요?

아도니스 아마도 이러한 문제에 대한 개념들은 종교적 검열 때문에 쉽게 생성되지 못하고 있는 것 같습니다. 검열을 우습게 보아서는 절대 안 됩니다. 여성의 자유와 그들의 권리, 여성의 삶의 조건 등을 향상시키는 대신에 IS와 소위 혁명적인 근대국가라고 불리는 아랍 국가들은 여성을 더 억압하고 남성의 쾌락을 더욱 조장하고 있습니다.

후리아 이른바 아랍 혁명 때문에 그동안 감춰져왔던 아랍 사회 남녀 관계의 야만적 상태가 드디어 베일을 벗게 되었습니다. 사우디아라비아의 와하비즘 신봉자가 저술한 『세상에서 가장 행복한 여성 As'adu imraa fi l''alam』은 지금 제일 잘 팔리는 책입니다. 이 책에서 서술하는 가장 행복한 여성은 가르침에 완전히 순종하고, 그 가르침대로 남편에게 복종하는 여성입니다.

아도니스 이렇게 시대에 뒤떨어진 관계 설정은 이슬람이 얼마나 원시적인 종교인지 드러내줍니다. 그리고 이러한 책을 통해서 종교가 남성과 여성을 명확하게 구분하고 있다는 사실과 그들의 성적 본능에 대해서도 철저히 구별하고 있다는 사실을 분명히 알 수 있습니다.

후리아 사우디아라비아 정부가 여성 저항의 상징인 파티마[58]의 사저를 2006년 파괴했다는 사실을 아는 사람은 거의 없습니다.

아도니스 그리고 아이샤의 사저도 파괴해버렸습니다. 다시 한번

---

58 무함마드의 딸.

말씀드리겠습니다. 시인들은 종교와 전혀 다른 관점에서 여성을 다루었습니다. 그들은 항상 여성과 여성성을 찬양했습니다. 시인 알아르지al-'Arji[59]는 이렇게 썼습니다.

"미나Mina와 그녀의 순례가 나에게 무슨 소용이 있을까

만약 그녀가 여기에 없다면."

성지가 성스럽게 여겨지는 것은 오직 자신이 사랑하는 여인을 품에 안을 때뿐입니다. 따라서 성지인 메카는 이와 같은 여성의 이미지와 비교해볼 때 부차적인 존재가 됩니다. 이러한 이유 때문에 종교가 시를 배척하는 겁니다. 시인들이 여성을 찬양하는 것과 정반대로 신학자들은 여성에게 베일을 뒤집어쓰라고 강요합니다.

후리아 마치 여성의 노출과 자율권이 남성들에 대한 최고의 위협인 것처럼 여기고 있습니다. 거세의 위협이지요. 그리고 타바리가 인용한 꾸란 해설에 의하면 여성은 목소리조차 낼 수 없는 존재입니다. 여성은 바우보Baubo(그리스 신화에 등장하는 성기를 드러낸 여인─옮긴이)에 불과하고 여성의 얼굴은 성기이기 때문에 스스로를 완전히 가려야 합니다. 타바리는 "아내들을 때리라"라는 꾸란 구절을 아무런 설명도 없이 남성이 여성을 소유해도 된다는 뜻으로 해석합니다. 즉, 남성은 여성을 폭력적으로 취할 수 있다는 뜻입니다. 여성에 대한 폭행은 여

---

59 알아르지는 우마이야 왕조 때 활동했던 시인이며 738년(헤지라 120년)에 사망. '방탕한' 생활을 한 죄로 감옥에 갇혔으며 옥사했다.

성의 죄에 대한 대가로 어떤 문서에 기록되어 있는데, 종교학자들은 이 문서를 하나의 본보기로 삼고 있습니다.

아도니스 여성에 대한 문제뿐만이 아니라 아랍 사회의 개인은 문화적 배경이 상이한 타인과 자유롭게 대화할 수 없습니다. 일체의 발언이나 그 어떠한 민주적 대화도 금지되어 있으며 자유로운 의견 교환도 마찬가지로 금지되어 있습니다. 사회를 규정하는 것은 폭력뿐입니다. 이러한 사회 환경에서 스스로를 해방시킨 여성은 사회문제에 이의를 제기하고 불만을 공개적으로 표현할 수 있어야 합니다. 하지만 이러한 행동은 결코 용납되지 않습니다.

후리아 전신을 가리는 베일을 서구에서는 '부르까burqa'라고 부릅니다. 그런데 이 단어는 여성의 여성성을 차단한다는 의미가 아니라, 여성의 인간성 자체를 차단한다는 의미를 내포합니다. 부르까는 '암양', '파충류', 또는 '짐 나르는 짐승'이라는 뜻이기 때문입니다. 이 단어는 밭에서 소처럼 일하는 베두인족을 가리킵니다.

아도니스 이렇게 여성을 밭에서 일하는 짐승 같은 존재로 간주하는 것은 여성에 대한 엄청난 모욕입니다.

후리아 이와 같은 비유는 역사에 대한 망각이라고도 볼 수 있습니다. 알제리 여성들이 알제리의 독립을 위해 무기를 들고 싸웠던 것을 기억해야 합니다.

아도니스 여성은 제대로 된 평가를 받지 못하고 있습니다. 어쨌든 아랍 국가의 사회운동사에서 선구적 역할을 했던 마이 지아데May

Ziade,[60] 후다 샤라위Huda Sha'rawi,[61] 그 외 다수 여성이 전혀 인정받고 있지 못합니다. 후다 샤라위보다 오히려 남성 소설가 까심 아민Qāsim Amīn[62]을 더 많이 언급하고 있습니다. 가장 용맹스럽게 싸웠던 여성들은 무시되었으며, 그 여성들이 남긴 저서는 잊혔습니다. 우리는 여성에 관한 문제를 논의할 때조차도 남성만 언급합니다. 하지만 여성 작가, 여성 코미디언, 여성 성악가들이 분명히 역사 속에 존재했습니다. 동방에도 위대한 여성이 많지만 모두 잊혀버렸습니다.

후리아 마이 지아데는 문학 살롱을 운영했지요. 하지만 지식인 여성을 혐오하는 남성의 사고방식과 충돌할 수밖에 없었습니다.

아도니스 이러한 위대한 여성 작가들은 서구에 거의 알려져 있지 않으며 동양에서도 마찬가지입니다. 마이 지아데는 실제로 문학 살롱을 만들었는데, 이 살롱에는 타하 후세인, 알아까드al-'Aqqad, 알마지니 al-Mazini 등의 작가와 20세기 초를 대변하는 지식인들이 드나들었습니다. 당시로서는 상당히 예외적이었습니다. 하지만 지아데의 가족은

---

60 레바논의 소설가이며 에세이스트이자 저널리스트이다. 동양 페미니즘의 선구자로, 1886년에 나사렛에서 태어났으며 1941년에 사망했다.
61 페미니스트 소설가로, 1879년에 이집트에서 태어났으며 1947년에 카이로에서 사망했다.
62 쿠르드 출신의 소설가이자 에세이스트이다. '무하르리르 알마라Muḥarrir al-mar'a', '여성의 해방자'로 알려져 있다. 1863년에 이집트에서 태어났으며 1908년에 사망했다.

이러한 행위를 비난하면서 지아데를 미친 사람으로 취급했습니다. 다행히 철학자 안툰 사데Antoun Saadeh가 그녀의 재능을 인정하면서 그녀와 그녀의 글을 찬양하는 글을 남겼습니다. 철저한 검열과 전통이 강하게 사회를 억압하고 있었는데도 레바논, 이집트, 시리아, 이라크, 팔레스타인에는 적극적으로 활동한 여성들이 있습니다. 자밀라 부히레드Djamila Bouhired와 같은 알제리 여성은 알제리 독립운동에 직접 참가하기도 했습니다. 하지만 이 모든 여성이 오늘날까지 아랍 사회를 지배하고 있는 야만적 사고방식의 희생자입니다.

후리아 일부 여성 작가와 에세이스트는 자신의 이름을 밝히지 않기 위해 필명을 사용했습니다. 예를 들어 사미라Samira Khashoggi는 '빈트 알자지라 알아라비야Bint al-Jazira al-'Arabiya'라는 필명을, 아이샤Aisha Abd al-Rahman는 '빈트 알샤티Bint al-Shati'[63]라는 필명을 사용했습니다. 그들은 자신들의 지혜를 저주라고 생각했습니다.

아도니스 이러한 여성 작가들은 두려움 때문에, 그리고 가부장적 사회의 권력 구조에 순응하기 위해 필명을 사용했습니다. 이들은 여성의 표현의 자유가 통제된 사회에서 살고 있다는 사실을 잘 알았던 것이죠. 그런 사회의 여성은 남자들의 눈에 사고하지 않는 존재로 보여야 했습니다.

후리아 그런데 여성, 특히 어머니들이 이러한 전통을 가장 열심

---

63 사미라의 『아랍반도의 딸』과 아이샤의 『호숫가의 딸』.

히 방어하는 사람들이었습니다.

아도니스   저는 개인적으로 여성이 전통을 방어하는 것은 전통 때문이 아니라 종교 때문이라고 생각합니다. 여성은 남성의 소유물입니다. 그리고 여성은 결혼하기 전까지 순결을 지켜야 한다는 규범은 여성이 아직도 남성의 소유물이라는 사실을 의미합니다. 꾸란은 처녀성에 대해 이렇게 기록합니다.

> 실제로 후리스houris(천국의 처녀)들을 완벽하게 창조한 사람은
> 바로 우리다.
> 우리가 그 여자들을 순결하게 하였나니.[64]

후리아   이는 또한 성적 쾌락과 관련된 문제라고 생각합니다. 때때로 자신의 딸이 '처녀성을 잃었다는' 사실이 발견되면 어머니가 추방당했습니다. 어머니들 또한 성 문제에 대한 사회적 규범에서 자유로울 수 없습니다. 딸의 순결성 때문에 추방당한 여성은 남편을 잃게 되고, 따라서 당연히 성생활의 즐거움도 박탈당하게 됩니다. 결혼을 전제로 하지 않은 자녀의 성적 쾌락의 추구는 결국 그녀의 어머니의 즐거움을 빼앗는 결과를 초래합니다.

아도니스   이 문제는 사실 심리학적 측면을 내포합니다. 어쨌든

---

64   꾸란 56:35~36.

여성의 성적 즐거움은 아직도 터부시되고, 아무도 이 문제를 언급하지 않습니다. 남성의 성적 욕구만 중요하게 생각합니다. 우리 사회에서 남성은 신의 대리자입니다. 그래서 무슬림들은 무함마드를 모방하고 있습니다. 아랍의 남성과 무슬림 남성은 완전한 종교의 지배를 받습니다. 그들의 정신세계뿐만 아니라 육체에 관련된 모든 것이 포함됩니다. 따라서 남성은 독점과 지배와 권력에 사로잡혀 있습니다. 여성은 이러한 톱니바퀴 밑에서 어떠한 해결책도 가지지 못한 채 빠져나갈 출구도 찾지 못하고 있습니다.

후리아 IS는 우마르 칼리프 왕조가 도입했던 심판에 대한 특권 ijtihād을 다시 부활시켰습니다.

아도니스 제가 이미 말씀드렸던 것처럼 자아와 주체성의 부재로 인해 개인이 자유로운 사고를 한다는 것이 불가능합니다. 아랍인은 근대화하기 위해 노력하고 있지만 전혀 근처에 가지도 못하고 있습니다. 아랍인은 지식인들을 배출하기보다는 종교성을 더 강화하는 사회에 살고 있는 것이지요. 즉, 자유가 완전히 배제된 문화에서 태어나고 성장합니다. 자유는 권력자들의 전유물일 뿐입니다. 그리고 이 권력은 여성을 사냥하는 데 혈안이 되어 있습니다. 과거에 불신의 대상이던 여성은 이제 포로가 되어 선물처럼 제공되고 있습니다. 얼마나 모욕적인지 모릅니다! 저는 완벽한 진실을 소유하고 있다고 주장하는 사회가 결국 무지를 잉태한다고 생각합니다. 무지는 과학과 지식에만 국한된 것이 아니라 과학에서 지식을 영원히 배척하는 원동력으로 전

폭력과 이슬람

환되고 있습니다. 일신교는 문화의 왜곡입니다. 따라서 일신교는 개혁이 필요한 것이 아니라 뿌리째 뽑혀야 합니다.

후리아 여성에 대한 혐오는 자매, 사촌 누이, 그리고 아내에게 전이됩니다. 이는 남성 개인이 가지고 있는 모든 형태의 여성성을 배척하는 행위이며, 또한 누나나 여동생들에 대한 사랑조차 거부하는 결과를 초래합니다. 그리고 오늘날까지도 폭행당한 여성은 남편에게 "그들이 당신의 명예를 더럽혔습니다hatakūlak 'arḍak"라고 말합니다. 즉, 폭행당한 여성의 몸과 영혼이 상처받은 것이 아니라 남자의 명예'ard가 더럽혀진 것이지요.

아도니스 아르드'Ard(명예)는 남성의 상징으로 여겨집니다. 알아르드al-'Ard는 아르드의 여성형입니다. 우리는 "그가 그녀의 명예를 더럽혔다hataka 'arḍaha"라고 말하지 않습니다. 여성은 하나의 인성으로 존재하지 않기 때문입니다. 여자는 사고할 줄도 모르고 인성과 감성도 없는 존재이며 그녀에게 속한 육체도 없는 존재입니다. 여성은 남성의 소유물일 뿐입니다. 결과적으로 모든 문제는 남자에게 귀속됩니다. 즉, 모욕당하는 존재는 바로 남자이지 여자가 아닙니다. 아랍 남성은 사회의 문화적·기술적 변화를 직접 체험하고 있습니다. 즉, 과거와는 근본적으로 다른 사회에서 살고 있는 것입니다. 하지만 아랍 남성은 이러한 변화를 무시하고 있습니다. 과연 이것을 그들의 장점이라고 말할 수 있을까요? 아니면 약점이라고 말할 수 있을까요?

후리아 심리학적으로 이러한 현상을 '자아의 분열'이라고 합니다. 이는 자신의 (병리학적) 장점과 약점을 동시에 분출하는 일종의 방어기제입니다. 이러한 방어기제가 나타나는 것은 남성이 이슬람의 토대를 이루는 충동적 본능에서 벗어나지 못하기 때문입니다. 따라서 자아 분열을 겪은 남성은 장점과 약점을 동시에 내포하는 정체성을 형성하게 됩니다.

아도니스 남자들은 꾸란 구절로 가득 채워진 항아리와 같습니다. 따라서 그들은 로봇이나 기계와 다름없습니다. 저는 알라트ālat(기계)와 일라ilāh(신성) 사이의 차이가 무엇인지 묻고 싶습니다. 두 단어는 거의 동음이의어이며 동일한 글자로 구성되어 있습니다. 이를 단지 언어학적 우연이라고 보아야 할까요?

후리아 아랍어에 여신을 지칭하는 알라트Allāt라는 단어가 있습니다. 알라트Allāt에서 두 기호를 제거하면 무슬림 일신교의 신을 지칭하는 알라Allāh가 됩니다. 여성을 상징하는 기호가 제거됨으로써 신은 알라트ālat, 즉 기계[65]가 되어버렸다고 말할 수 있을까요?

아도니스 현재의 종교는 학살의 종교입니다. IS는 신성을 학살의 기계로 대치해버렸습니다.

후리아 이는 동시에 여성을 정복하는 것이기도 합니다. 그들은 여성이 없다면 세상 자체가 존재할 수 없다는 사실을 무시하는 것 같습니다.

아도니스 여성성과 여성적 측면이 제거된 남성은 기계로 전락했

---

65   Allāt, Allāh, ālat, آلة الله اللات

습니다. 이미 앞에서 이븐 아라비가 했던 말을 언급했지요. "여성성이 제거된 모든 장소는 고려할 가치도 없다(생식 능력 상실, 비어 있음)Kullu makānin lā yo'annath, lā yu'awwal alayh." 이러한 생각을 좀 더 발전시키면 다음과 같은 논리에 이릅니다. "오로지 남성의 성욕으로만 가득 찬 공간은, 생식 능력이 제거된 공간lā yu'awwal alayh이다." 따라서 여성은 계속 이러한 남성 중심주의 사고방식과 전투를 벌여야 합니다. 저는 아랍 국가의 젊은이들은 구시대적 관습에서 벗어나기를 간절히 원한다고 생각합니다. 오늘날의 젊은이들은 현재와 미래에 대해 심각하게 생각하고 있습니다.

후리아 페멘Femen(급진 여성 운동 단체-옮긴이)은 어떻게 생각하십니까?

아도니스 이러한 급진 여성 운동에 반대하지 않습니다. 특히 여성 운동을 철저하게 차단하는 사회에서는 이러한 운동이 필요하다고 생각합니다. 하지만 제가 바라는 것은 남성성이 인정되듯이 여성성도 동등하게 인정되는 것입니다.

후리아 앙투아네트 푸크는 다음과 같이 말했습니다. "곧 노인들의 세상이 될 것이다. 흑인이나 백인은 사라지고 커피와 우유를 섞은 피부색을 가진 사람들만이 남게 될 것이다. 하지만 여성은 계속 여성으로 남게 될 것이다." 다시 말하면 여성에 대한 억압은 계속될 것이라는 뜻이지요.

아도니스 국가와 종교는 절대적으로 분리되어야 합니다. 즉, 시민사회의 확립이 필요합니다. 우리는 이제 무슬림의 정체성이 아니라 시민, 시민의 권리, 시민의 자유를 논의해야 합니다. 여성의 적은 남성이 아니라 종교입니다. 특히 일신교, 일신교 중에서도 이슬람이 여성의 적입니다.

후리아 걸프 지역의 몇몇 국가에서 교육받은 여성에게는 투표권을 주지 않는 반면 문맹인 남성에게는 투표권을 준다는 사실은 놀라움을 금치 못하게 합니다. 투표권이 없다는 것은 곧 자신의 의사를 표현할 수 없다는 뜻입니다. 하지만 국제연합헌장에는 다음과 같이 명시되어 있습니다. "성이나 인종, 종교, 신앙에 상관없이 모든 인간은 양도할 수 없는 신성한 권리를 가진다."

아도니스 이는 인간성 자체와 인류의 진보에 거스르는 행위입니다. 저는 어떻게 남성들이 이러한 처사를 용납할 수 있는지 묻지 않을 수 없습니다. 정권의 전복에만 집중한 것이 바로 실수였습니다. 혁명은 인간을 변화시키고, 이러한 변화가 구체적이고 전면적이어야 한다는 사실을 잊어버린 것입니다. 자유와 사상, 그리고 타자와의 민주적인 대화를 위해 혁명은 자유의 이름 아래에서 내면적으로 일어나야 합니다. 이와 같은 혁명은 사회의 세속화를 통해서만 가능합니다. 저는 아랍 사회가 오히려 퇴보하고 있는 것을 유감스럽게 생각합니다. 우리는 지난 2세기 동안 시민적이고 세속적인 사회를 구현하기 위해 부단한 노력을 기울여왔습니다. 하지만 우리는 현재 근대화의 씨앗을 짓밟는 수치스러운 반계몽주의에 직면해 있습니다.

4

경제적·지정학적
이해관계에 우선하는
본능적 충동

66 개인의 신앙생활과 집단적·사회적·종교적 차원을 철저하게 구분하는 새로운 읽기 문화가 조성되어야 한다고 생각합니다. 새롭고 근대적인 읽기 문화가 조성되지 않는다면 이슬람은 폭력과 정치권력의 손아귀에서 절대 벗어나지 못할 것입니다. 새로운 읽기 문화를 통해서만 정치적·문화적·사회적인 영역과 개인의 신앙적 영역이 구분될 수 있습니다. 이러한 과정을 통해 종교는 개인의 문제로 귀결될 것입니다. 어떻게 이슬람은 유대인이나 기독교인이 자신의 종교를 버리고 이슬람으로 개종하는 것은 받아들이면서 무슬림으로 태어난 사람이 다른 종교로 개종하는 것은 거부하는 것일까요? 99

후리아 이슬람의 급진화 문제가 계속 화두에 오르고 있습니다.

아도니스 급진화 문제는 이슬람의 설립 과정을 재검토함으로써 이해할 수 있습니다. 앞에서 언급했듯이 폭력은 이슬람의 생성과 밀접하게 연관되어 있습니다. 즉, 폭력은 권력 확장의 도구로 사용되었습니다. 폭력은 최초의 칼리프 국가 설립 과정에서 이미 사용되었으며, 꾸란에도 구체적으로 기록되어 있고, 초기의 경전 해석서에도 언급되어 있습니다.

후리아 현재 IS는 이슬람으로 개종하지 않은 사람들을 처형했던 초기 이슬람 시대를 재현하고 있습니다.

아도니스 앞에서 이미 폭력에 관한 꾸란 구절을 언급했습니다. 그런데 꾸란에는 더욱 급진적인 폭력을 조장하는 구절들도 있습니다. 이러한 폭력이 제도화되면서 국가 제도의 일부가 된 것입니다. 무슬림들은 초창기부터 정복자였다는 사실을 명심해야 합니다. 무함마드가 사망한 뒤에 한 세기 동안 이슬람은 피로 물들었으며 아랍인들끼리의 전쟁과 무슬림들끼리의 전쟁은 한 번도 멈춘 적이 없습니다. 아랍 역사서를 읽으면 이러한 내용을 쉽게 확인할 수 있습니다.

후리아 그런데 이슬람은 왜 변화를 거부했나요?

아도니스 인간의 본성을 전혀 이해하지 못했거나, 제대로 이해하지 못했기 때문입니다. 역사적으로 권력과 금전, 폭력만이 중요하게 여겨졌습니다. 이슬람은 인간의 본성 중 소유욕만을 강조했습니다.

후리아 그렇다면 이러한 질문에 대답하기 위해 폭력에 대한 심리학적 측면과 인간의 본성을 살펴보아야 하겠군요. 꾸란과 초기 주석서들은 인간이 자신의 본능적 욕구를 마음대로 채우는 것을 허용합니다. 특히 권력 확장의 욕구과 성 욕구를 강조하지요. 천국은 욕구가 부족함이 없이 완전히 충족되는 곳입니다. 따라서 천국은 환상의 세계이며 끊임없는 생식이 보장되는 세계입니다. 이슬람은 본능적 욕구를 보장하는 환상을 토대로 설립되었습니다. 시인 압델와합 멧뎁Abdelwahab Meddeb은 이와 같은 특성을 이슬람의 질병이라고 했습니다.

아도니스 멧뎁은 그의 책 『이슬람의 질병La Maladie de l'islam』에서 아름답고 진실된 이슬람에 대해서도 언급했습니다.

후리아 무슬림 세계에는 신비주의 사상과 철학, 문학도 존재합니다.

아도니스 이러한 지적 운동에서는 제도화되고 국가화된 이슬람은 절대 논하지 않습니다. 신비주의 사상가들이나 철학자들은 정권의 추격이나 처벌을 피하기 위한 일종의 가리개나 수단으로 이슬람을 언급했을 뿐입니다. 철학은 꾸란과 무관합니다.

후리아 철학은 실제로 그리스에서 유래했고 신비주의는 여러 가지 사조, 즉 플라톤주의, 신플라톤주의, 기독교, 언어 등에서 유래했습니다. 하지만 이러한 사상을 발전시킨 건 분명히 무슬림 사회에 속했던 사람들입니다.

아도니스 이슬람의 신비주의자들은 그들의 해석을 정당화하기 위해 꾸란을 인용하기도 했습니다. 하지만 그들의 작품을 주의 깊게 읽으면 꾸란과 전혀 상관없다는 사실을 알 수 있습니다. 예를 들어 이븐 아라비는 인간과 세계에 대한 무슬림의 종교적 개념과 완전히 다른 사상 체계를 세웠습니다.

후리아 이븐 아라비는 위대한 언어학자였습니다. 그의 고민은 꾸란의 계명이 아니라 계명 안에 숨어 있는 의미의 핵심이었습니다. 아라비는 선생님처럼 언어를 사랑한 사람이지요. 그의 사상은 언어가 표현할 수 있는 것과 언어가 표현할 수 없는 것을 중심으로 구성되어 있습니다.

아도니스 아라비는 시인이고 교리나 도그마, 종교적 사상과는 완전히 거리가 먼 사람입니다. 알할라즈의 명언들처럼 그의 작품들은 교리주의적 사상이나 종교적 가르침의 영향을 전혀 받지 않았습니다. 그것은 그의 전략이었거나 일종의 방어기제라고 볼 수 있습니다. 이것이 바로 우리가 해야 할 작업입니다. 즉, 우리는 폭력으로부터 스스로를 보호하기 위해 진실하고 위대한 이슬람을 새로이 발견해야 합니다. 우리는 심지어 이븐 아라비가 이슬람 언어를 해방시켰다고 말할 수 있습니다. 불신앙자를 사형하는 계명을 피하기 위해 아랍 사회의 사상가들은 '이슬람'이라고 불리는 마스크를 써야만 했습니다. 이를 거부하는 사람은 알할라즈처럼 고문한 다음 사형에 처했습니다. 물론 그들의 작품은 모두 소멸되었습니다. 예를 들어 닙파리Niffarī(무슬림 신비주의 사상가—옮긴이)가 쓴 작품은 1000년이 지난 뒤에 발견되었으며, 아직까지도 제대로 인정받지 못하고 있습니다.

후리아 예를 들어 이집트에서는 이븐 아라비가 저술한 『푸투하트 알막키이야Futūḥāt al-makkiyya』 개정판에 대한 금지령이 내려졌는데, 이 개정판은 아미르 압드 엘카데르Abd el-Kader가 처음으로 출판했던 책입니다. 따라서 제가 생각하기에 아베로에스, 아부 바크르 알라지Abū Bakr al-Razī, 이븐 알라완디Ibn al-Rawandī, 닙파리 등과 같은 인물은 아랍 세계에서 반체제 인사로 취급받고 있습니다.

아도니스 신비주의와 철학은 이슬람 사상에 속하지 않습니다. 이슬람 사상에 속하는 것은 피끄흐(이슬람 율법)와 샤르(법)뿐입니다.

후리아 이미 앞에서 언급했던 알할라즈의 아름다운 문구를 인용해보겠습니다. "사탄이 아담에게 무릎 꿇기를 거부하면서 사랑의 대상을 바꿀 수 없다고 말하자, 신이 그에게 이렇게 말했다. '나는 너를 영원히 고문할 것이다.' 그러자 사탄은 이렇게 대답했다. '당신은 나를 다시는 보지 않으실 건가요?' 신이 말하기를 '아니다, 너를 지켜볼 것이다.' 사탄이 대답하기를 '당신의 눈길은 제 고통을 잊어버리게 할 것입니다. 저는 당신 손에 있습니다. 당신 마음대로 하세요.'" 알할라즈는 사랑 때문에 고통받고 있었던 것이지요. 이 대화는 신과 사랑에 빠진 사람에 대한 것이며, 신비주의에서 사용한 언어와 은밀함, 사랑, 금기, 여성성에 대한 생각을 불러일으키게 합니다.

아도니스 우리는 이를 통해 여자라는 존재성을 초월하는 여성성을 발견할 수 있습니다. 이는 관점에 관한 문제입니다. 신성은 고정되어 있는 상태적 특성이 있기도 하지만 동시에 유동적인 관점을 대변하

폭력과 이슬람

기도 합니다. 여성성은 우주 그 자체입니다. 그런데 이슬람은 근본적으로 이와 같은 관점을 거부합니다. 여성성과 여성에 대한 사랑을 노래한 것은 신비주의입니다. 이타성과 주체성에 관한 문제와 관련해 일반적인 사고를 뒤집어엎은 것도 바로 신비주의입니다. 꾸란 경전에는 주체성에 관한 논의 자체가 없습니다.

후리아 텔레비전 방송에 출연해 신과 사탄의 대화가 상당히 민주적이었다고 말씀하셨지요. 신과 사탄이 의견의 일치를 본 것은 아니지만 대화했다는 사실이 중요하다고 하셨습니다. 신은 비록 사탄을 지상에서 추방했지만 스스로의 생각을 표현하도록 허락했습니다.

아도니스 오늘날 우리에게는 이러한 기회조차 주어지지 않고 있습니다. 심지어 무슬림은 꾸란을 경외하지도 않습니다. 대화 자체가 금지되었기 때문입니다. 신앙이 있는 사람은 스스로 절대적 진리를 소유하고 있다고 생각합니다. 이렇게 믿는 순간부터 다른 신앙은 모두 거짓이 되며 배척당합니다. 이런 종류의 신앙이 이슬람 정치를 일종의 기술techne로 전락시켰습니다. 기술화된 정치의 최고 목표는 권력을 쟁취하고 쟁취한 권력을 유지하는 것입니다. 아랍의 전 역사가 이와 같은 사실을 증명합니다. 그들의 문화는 권력자의 문화였습니다. 현재 아랍인들은 가스와 석유 덕분에 정치적·경제적으로 전 세계를 사들일 능력이 있습니다. 하지만 아베로에스, 이븐 할둔Ibn Khaldūn, 알마아르리al-Ma'arrī 같은 사상가들은 절대 돈으로 사들일 수 없습니다.

후리아 저는 알제리의 오란Oran에서 신비주의를 주제로 열린 콘퍼런스에 참석한 적이 있습니다. 그 콘퍼런스에서 저는 아미르 압드 엘 카데르가 쓴 『마와끼프Mawaqif』(휴식의 책, 미셸 쇼드키비치Michel Chodkiewicz 가 '영적 작품'이라는 제목으로 일부분을 번역함)에 관한 내용이 있는지 찾아보 았지만 헛수고였습니다. 『마와끼프』는 이븐 아라비에 대한 가장 훌륭 한 주석서입니다.

아도니스 이런 의미에서 아랍인은 세상에서 가장 불쌍한 사람들 이라고 볼 수 있습니다. 아랍인은 자신들의 문화나 언어에 대해 전혀 알지 못합니다. 이렇게 무지한 사람들이 어떻게 혁명을 수행할 수 있겠 습니까? 무슨 원칙으로, 그리고 무슨 근거로 혁명을 수행하겠습니까?

후리아 예를 들어 IS는 스스로를 진정한 이슬람 국가로 선포했습 니다. 하지만 이들은 문명의 기반을 이루는 모든 요소를 거부하고 있 습니다. 프로이트는 『문명 속의 불만Das Unbehagen in der Kultur』에서 야 만적인 충동을 억제해야만 문명을 이룰 수 있다고 주장했습니다. 그 런데 우리는 무엇을 보고 있습니까? 여성 소유, 파괴, 참수, 심지어 식 인 풍습과 같은 잔인한 행위가 눈앞에서 자행되고 있습니다.

아도니스 죽음을 초월했다고 생각하는 사람은 (왜냐하면 평화로운 천국행이 보장되기 때문에) 두려움이나 양심의 가책도 없이 야만적으로 행 동합니다. 그들은 자연과 문화를 멀리하는 사람들입니다. 저는 IS를 통해 이슬람의 종말을 목격하고 있습니다. IS는 이슬람의 연장이면서 동시에 그 종말이기도 합니다. 현재 이슬람은 지성이 결여되어 있습 니다. 역동성이나 세상을 바꾸려는 비전, 사상, 예술, 과학 등도 없습니다. IS가 자행하는 무지의 반복은 이슬람의 종말을 예고하고 있습니다. 만약 IS가 정치적이고 전략적인 측면에서 승리를 거둔다고 하더라도 이것이 과연 지성적이고 과학적인 진보를 보장할까요?

후리아 혼돈 그 자체라고 볼 수 있지요. IS가 점령한 이라크 지역의 학교는 종교 수업을 위한 학교 프로그램이 나올 때까지 휴교했다고 합니다.

아도니스 IS는 이슬람에 대한 새로운 해석이나 새로운 문화 형성, 또는 새로운 문명 형성에 전혀 관심이 없습니다. 오히려 폐쇄, 무지, 지식에 대한 증오, 인류와 자유에 대한 증오로 가득 차 있습니다. 이는 아주 수치스러운 종말입니다. 역사적으로 이슬람은 15세기 동안 건재해왔습니다. 인류 전체의 역사에서 보면 아주 짧은 역사라고 할 수 있습니다. 즉, 이슬람은 고대 이집트의 파라오나 그리스, 로마보다 역사가 짧습니다. 비전과 계획이 있는 종교가 참수형을 허용한다는 것은 불가능하기 때문에 이슬람은 종교라고 볼 수도 없습니다. 이슬람은 자유를 권장하는 대신 종속을 강화하고 있습니다. 아랍 사회의 개인은 자유의 박탈을 경험하고 있습니다. 표현의 자유, 신앙의 자유, 쓰기의 자유, 남녀평등이 없습니다. 현재까지 아랍 사회는 비시민적이고 비세속적인 사회로 남아 있습니다. 세속성이라는 개념 자체가 금기시되고 있습니다. 정치권력은 자유를 초월합니다. 만약 아랍 사회의 혁명이 진보가 아니라 권력에 집착한다면, 이 혁명은 개개인을 이 감옥에서 끌어내 저 감옥에 집어넣는 결과를 낳을 것입니다.

후리아   우리는 보통 사회문제를 다룰 때 경제적·사회정치적·전략적 분석에 집중합니다. 심리적 측면을 분석하는 데는 무관심합니다. 그런데 현재 아랍 사회에서 일어나는 일들을 분석하려면, 살인이나 파괴에 대한 충동을 우선 생각해야 합니다. 결국은 이러한 현상은 자기 파괴로 향하고 있습니다. 모든 유적과 흔적을 무차별로 파괴하는 광신자들은 결국 그들의 역사를 지워버리고 그들과 같은 공간을 소유하는 형제자매를 몰살하고 있습니다. 이러한 현상은 충동, 부친 살해, 모친 살해, 형제 살해, 거세, 쾌락을 다루는 정신분석학 관점에서 분석해야 합니다.

아도니스   와하비즘은 인류의 흔적을 지워버리고 있습니다. 신이 개입하는 그 순간부터 인간은 그림이나 음악, 시 등을 창작하고 현실화할 능력을 상실하게 됩니다. 창조자는 오로지 한 분만 존재하기 때문에 인간이 만든 창조물은 모두 소멸되어야 합니다. 인간의 창조물은 모두 와산wathan(우상)이며 우상숭배를 조장하기 때문입니다. 이러한 이유 때문에 박물관과 유적지가 파괴되고 있습니다. 인간이 창조한 모든 것은 신의 창조물에 대한 도전이기 때문에 파괴되어야 합니다. 인간은 가르침을 실행하는 존재일 뿐입니다. 창조자는 신이며 인간은 모방자입니다.

후리아   꾸란의 한 구절이 생각납니다. "그들에게 던진 것은 그대가 아니라 하나님께서 던지셨음이라."[1] 우리의 기억은 아무 생각 없이 무조건 수용한 구절로 가득 차 있습니다.

아도니스　투사하고 모든 것을 창조하시는 이는 신이며 인간은 단지 이끌리고 조종되는 존재일 뿐입니다. 따라서 인간이 창조한 모든 형상은 파괴되어야 합니다. 심지어 돌과 같은 사물을 집어던지는 행위도 인간의 의지에 의한 것이 아니라 모든 것을 결정하는 신의 의지로 이루어집니다. 이러한 상황에서 인간이 수준 높은 창작 활동을 하는 것은 불가능한데, 우선 종교의 금지에서 벗어나야 하고 인간의 주체적인 행위를 신에 대한 저항으로 간주하는 관습에서 벗어나야 하기 때문입니다. 꾸란은 지구상에 존재하는 인간과 인간이 남긴 흔적의 소멸을 기록합니다. "오직 주님의 얼굴만이 영원하리라Wa yabqā wajhu rabbika."[2] 인간과 인간적인 것을 모두 소멸시키면서 문명을 이룩한다는 것이 가능할까요?

후리아　현재 일어나고 있는 사건들은 문화와 아무 상관이 없습니다. 이 사건들은 본능적 욕망의 승리를 표출하고 있습니다.

아도니스　이와 같은 현상을 우리는 이슬람의 질병이라고 해석할 수 없습니다. 이것은 문화와 문명, 그리고 인류에 거스르는 행위입니다. 덧붙여 말하자면 이것은 결국 자살로 끝나고 마는 자신에 대한 증오입니다. 천국에 들어가기 위해 수많은 사람이 자살 테러를 자진해서 하고 있습니다. 이러한 현상은 전체 문명 역사를 통해 볼 때 유일한

1　꾸란 8:17.

2　꾸란 55:27.

경우입니다. 인류 역사에 처음으로 나타나고 있는 현상입니다. 자살 테러를 준비하는 지하디스트에게는 꾸란에서 묘사한 천국의 영원한 쾌락이 보장됩니다. 지상의 쾌락은 순간적이지만 천국의 쾌락은 영원하고 완전합니다. 처녀들의 행렬로 도배된 천국의 이미지에 근거한 이슬람의 세계관은 성에 관한 문제를 신도들을 유혹하는 도구로 탈바꿈시켰습니다. 무슬림으로 사망하는 무슬림, 또는 이슬람을 위해 자신을 희생하는 무슬림은 불멸합니다. 이들은 지상을 떠나 천국으로 올라가서 신의 곁에 머물 수 있기 때문입니다. 그리고 이들은 천국에서 그들의 쾌락을 몇 배로 증가시킬 수 있습니다.

후리아 블라디미르 바르톨Vladimir Bartol은 그의 소설 『알라무트 Alamut』에서 다음과 같은 이야기를 서술했습니다. 젊은 광신도들이 여자와 쾌락이 보장되는 천국에 가기 위해 자결했다. 그런데 쾌락이 무엇인지에 대한 질문이 바로 그들에게 주어졌다.

아도니스 즉, 이슬람은 에로티시즘을 신성화하고 있습니다. 남자들은 알레프alef(히브리어의 첫 번째 알파벳-옮긴이)처럼 꼿꼿이 서서 여성에게 삽입될 준비가 되어 있는 천국의 남근 이미지를 고안해냈습니다. 이는 여성은 남성의 정복욕을 과시하는 소유물일 뿐이라는 인식을 강화하기 위한 것입니다. 따라서 여성은 천국에서도 삽입당하고 소유되는 대상일 뿐입니다. 남근은 절대 활동을 멈추지 않는 자연적인 파시눔fascinum(상아로 된 고대의 남근 상징-옮긴이)으로 변환되어 권력과 권위의 상징이 되었습니다.

후리아 유튜브에 올라와 있는 와하비즘 이맘들의 설교는 거의 대부분 영원한 쾌락에 대한 것입니다. 어떤 이맘은 심지어 쾌락에 대한 상대성 이론을 펼치기도 합니다. 그의 이론에 의하면 무슬림 남성은 지상에서 여자를 40명 내지 70명 거느릴 수 있는 반면, 천상에서는 여자 노예 70명을 거느린 여자 70명을 매일 거느릴 수 있다고 합니다. 그리고 중요한 사실은 천국의 하루가 지상의 하루보다 훨씬 길다는 사실입니다. 남성은 쾌락을 끊임없이 즐길 수 있다는 뜻이지요. 그리고 남성의 쾌락이 무한하다는 것은 동시에 그들의 생식기능에 제한이 없다는 것을 뜻하기도 합니다. 이러한 설교를 통해 우리는 거세 문제에 대한 초기 주석가들의 견해를 짐작해볼 수 있습니다.

아도니스 오늘날 진행되는 사건들에 대한 정신분석학적 연구가 절대적으로 필요하다고 생각합니다. 지하드에 투신한 남성과 여성은 그들을 영웅시하는 의식을 통해 쾌락을 함께 나누는 동지로 묘사되고 있습니다. 여성, 남성 모두 그들의 현실을 초월하는 영역으로 승격됩니다. 이들은 이제 일반 사회에 속하는 개인이 아니며, 이러한 승격화를 통해 보편적인 존재로 새로 태어나게 됩니다.

후리아 그리고 죽기 전에 성적 쾌락을 느끼는 것, 즉 완전하고 말로 형용할 수 없는 쾌락을 맛보는 것은 근친상간과 비슷하다고 생각합니다. 심리학적으로 볼 때 성적 쾌락에 대한 이 같은 집착은 일종의 퇴화라고 볼 수 있습니다. IS의 흑색 깃발을 자세히 들여다보면 오자를 발견할 수 있습니다. 심지어 맞춤법도 퇴화하고 있습니다.

아도니스 퇴보는 모든 분야에서 진행되고 있습니다. 이슬람 내에서 다양성을 발견하려는 노력은 헛수고일 뿐입니다. 현재 주류가 된 이슬람은 이슬람에 저항하는 모든 것을 거부합니다. 이슬람은 철학자들과 신비주의 사상가들, 시인들과의 전쟁을 선포했습니다. 따라서 이슬람과 구별되는 모든 것은 거부합니다. 이슬람은 이슬람 이론에 반대되는 모든 이론을 거부하고 금지했습니다. 이를 통해 철저한 배타주의를 관철했습니다. 이슬람은 개인 간의 평등 내지 인간들 사이의 평등을 인정하지 않습니다. 또 한 가지 덧붙여서 말하고 싶은 것은 이슬람은 진보를 경멸한다는 사실입니다. 이슬람의 현재는 과거와 미래를 모두 함축합니다.

후리아 지식인들의 모든 노력은 정치와 종교가 결합해 탄생한 거대한 벽에 부딪혔습니다. 따라서 우선 해야 할 작업은 종교 경전들을 세속적 관점에서 분석하는 것입니다. 세속성이야말로 우리가 가진 유산에 대한 자유로운 해석과 자유로운 읽기를 보장합니다.

아도니스 개인의 신앙생활과 집단적·사회적·종교적 차원을 철저하게 구분하는 새로운 읽기 문화가 조성되어야 한다고 생각합니다. 새롭고 근대적인 읽기 문화가 조성되지 않는다면 이슬람은 폭력과 정치권력의 손아귀에서 절대 벗어나지 못할 것입니다. 새로운 읽기 문화를 통해서만 정치적·문화적·사회적인 영역과 개인의 신앙적 영역이 구분될 수 있습니다. 이러한 과정을 통해 종교는 개인의 문제로 귀결될 것입니다. 어떻게 이슬람은 유대인이나 기독교인이 자신의 종교

를 버리고 이슬람으로 개종하는 것은 받아들이면서 무슬림으로 태어
난 사람이 다른 종교로 개종하는 것은 거부하는 것일까요?

후리아 지금까지 하신 말씀에 따르면 이슬람은 다양성을 철저하
게 거부하는 종교입니다.

아도니스 온건한 이슬람이나 급진적 이슬람, 혹은 진짜 이슬람이
나 가짜 이슬람 등은 존재하지 않습니다. 오로지 하나의 이슬람이 존
재할 뿐입니다. 하지만 하나의 이슬람을 다양하게 해석할 가능성은
있습니다.

후리아 예를 들어 와하비즘과 샤리아를 정착시킨 푸까하 fuqahā'
(신학자들)의 해석 방법이 있고요. 그리스나 서구의 철학, 인문과학 서
적 등을 탐구하는 학자들도 있습니다. 그리고 초기 이슬람을 거부하
는 사람들도 있습니다. 또한 문제가 되는 꾸란 구절들을 폐지해야 한
다고 주장하는 사람들도 있습니다. 그런데 과연 이러한 노력들이 문
제의 해결책이 될 수 있을까요? 우리는 신이 계시한 경전을 있는 그대
로 받아들이거나 (21세기에 불가능해 보이기는 하지만) 세속화를 추진해야
하는 기로에 서 있습니다. 실제로 우리가 처음부터 주목했던 문제는
우리의 정체성의 근간이 되는 상징적·본능적 토대에 관한 것입니다.

아도니스 중요한 것은 자유롭고 사려 깊은 새로운 읽기 문화가
생겨나야 한다는 것입니다. 그리고 무엇보다도 이슬람과 개인을 동일
시하는 태도에서 벗어나야 합니다. 종교는 개인의 정체성을 이루는
근본이 아닙니다. 저는 다음 두 가지 사실을 꼭 말씀드리고 싶습니다.

이슬람이 세계를 정복했을 때, 세계는 거의 무의 상태였습니다. 새로운 종교였던 이슬람은 기존의 문명과 대결할 필요가 없었습니다. 이슬람이 성공할 수 있었던 이유가 바로 여기에 있습니다. 하지만 현재의 이슬람은 더는 과거에 속하지 않는 문명 세계와 대립하고 있습니다. 따라서 이슬람은 근대 문명의 진보성을 절대 수용할 수 없는 상태에 처하게 되었습니다. 이런 관점에서 볼 때 이슬람은 과거에 속하는 종교입니다. 역사적으로 이슬람의 운명은 이미 종결되었다고 보아야 합니다.

후리아 인류학자들이 종교에 관심을 가지는 것은 종교가 문화의 상징적 토대이기 때문입니다. 그런데 방금 이슬람은 '종결되었다'라고 하셨지요. 저는 그 말씀을 이렇게 해석해보겠습니다. 이슬람은 인간의 본능적 충동을 과도하게 강조한 나머지 스스로 종말을 자초했습니다. 결국 이슬람의 토대는 상징이라기보다 본능적 충동이었습니다. 끔찍한 사실이지요.

아도니스 네, 끔찍합니다. 현재 이슬람이 저지르는 행동들을 보면 입맛이 씁쓸해지고 분노에 휩싸이게 됩니다. 이슬람의 무지함, 잔인함, 반계몽주의, 그리고 여성들을 참수하고 배를 가르고 강간하고 약탈하는 이 모든 것들은 인류의 종말을 상징합니다. 그런데 무슬림 자신들은 이러한 현실에 함구하고 있습니다. 가끔 여기저기서 비판하는 소리가 나오기도 하지만 진정한 혁명으로 이어지지 못하고 있습니다.

후리아 무슬림의 이러한 상태는 물론 두려움과 체면 때문이거나

폭력과 이슬람

세뇌를 당했기 때문이기도 하지만 일체의 반응이나 생각을 방해하는 쇼크 상태에 처해 있기 때문이라고 생각합니다.

아도니스 어쨌든 수치스러운 일입니다.

후리아 재생하는 데 적응 기간이 필요한 것처럼 몰락하는 데도 적응 기간이 필요합니다. 지금 우리는 세상의 비극과 마주하고 있습니다.

아도니스 종말은 아주 오랜 시간에 걸쳐 진행될 것입니다. 유감스럽지만 그렇게 말할 수밖에 없습니다. 저에게 이러한 사실을 일깨워준 사람은 무슬림으로서 종교와 시에 능통했던 저의 아버지였습니다.

후리아 부친은 이슬람 세계관이 과학적으로 전혀 발전하지 못하고 있다는 글을 쓰셨지요. 실제로 인문과학은 아랍의 학문 분야에 아직 발도 들여놓지 못했습니다. 예를 들어 악마는 투영된 존재입니다. 그런데 이렇게 말하는 것은 신성모독으로 간주됩니다. 악마의 존재는 꾸란 경전에 분명히 기록되어 있기 때문입니다. 아랍인들의 수호신에 대해서 떠드는 정신질환자들은 항상 있습니다. 그런데 문제는 교리에 의해 지배되는 사회가 이러한 정신질환자들을 옹호하고 있다는 사실입니다. 우리는 우리 사회의 정신질환자와 신경쇠약 환자들에 대해 이제 겨우 말하기 시작했습니다.

아도니스 아직까지도, 그리고 지식인들조차 남자와 마녀의 결혼 또는 여자와 천재의 결혼을 심각하게 받아들이고 있습니다.

후리아 시바의 여왕 이야기가 첫 번째 예입니다. 무슬림 전설에 따르면 솔로몬의 아내인 시바의 여왕은 반은 인간, 반은 마녀였다고 합니다. 모든 여성들처럼 저는 문자 그대로 해석하는 읽기 문화를 경계합니다.

아도니스 이슬람은 선생님과 같은 정신분석가에게 엄청난 연구 영역을 제공한다고 생각합니다. 마술적 생각이나 전설, 미신 등이 무슬림 문화를 지배하고 있습니다. 무슬림들은 전설을 절대적 진실이라고 생각합니다. 과학적 사고방식이 들어설 자리는 없다고 봐야죠.

후리아 종교와 문맹으로 인해 계속 위세를 떨치고 있는 마술적 사고방식 때문에 정신분석학은 아랍 세계에서 뿌리를 내리지 못하고 있습니다. 정신분석은 인간의 심층을 이해하려는 무신론적 사상을 토대로 합니다. 인간의 심층은 본능적 충동이나 심리적 양성애, 환상 등으로 가득 차 있습니다. 우리 문화 안에서 우리는 아직까지 이슬람에 왜 부친 살해가 부재하는지 질문해본 적이 없습니다. 그리고 경험하지도 않은 끔찍한 공포에 대해 기술한 초기 전승자들의 자아분열 문제도 생각해보아야 합니다.

아도니스 인식의 지평을 열어주거나 전설을 파괴할 수 있는 모든 정신분석학적 또는 철학적 지식은 철저히 봉쇄되었습니다. 이슬람은 본질적으로 정신분석학에 반합니다. 왜냐하면 정신분석은 개인의 견해와 사상에 새로운 지평을 열어주기 때문입니다.

후리아 정신분석학은 심지어 신의 권위도 떨어뜨릴 수 있습니다.

아도니스 물론입니다. 정신분석은 본질적으로 종교와 대립합니다.

후리아   이러한 상황 때문에 아랍 세계에 프로이트를 소개하는 것은 불가능하다고 생각합니다.

아도니스   프로이트는 유대 국가의 시민이 아니라 빈에 살았던 사람입니다. 그는 유대인 출신의 유럽인입니다. 유대인 중에는 종교에서 해방되어 자유롭게 사고하는 사람들이 있습니다. 하지만 이미 언급했듯이 이슬람은 권력을 잡은 그 순간부터 이슬람이나 이슬람의 근원에 문제를 제기하는 모든 견해를 제거해버렸습니다. 아랍 사회에서 태어난 아랍인이 고향을 떠나서 외국에 정착하면 프랑스인, 미국인, 캐나다인, 독일인 등이 됩니다. 현재 프랑스에서 살고 있는 선생님과 같은 아랍인은 아랍 사회나 무슬림 문화에 속한다고 보기 어렵습니다. 선생님의 가족에 대한 사랑을 제외하면 아랍 문화 중 선생님에게 남아 있는 것이 무엇입니까?

후리아   저에게는 아랍어에 대한 애착이 남아 있고, 그리고 미셸 드 세르토Michel de Certeau처럼 전설의 역사를 제대로 된 역사로 다시 구성하고 싶은 바람이 있습니다.

아도니스   이슬람은 언어마저 통제했습니다. 모든 지식 영역에서 자유롭게 표현되는 것을 막았어요. 오늘 우리가 사용하는 언어는 근대성을 향해 개방되어야 합니다.

후리아   유감스럽게도 아랍어를 읽지 못하는 사람들은 선생님이 어떻게 꾸란 텍스트를 해체하셨는지 전혀 알 수가 없습니다. 예를 들어 『포위의 책Le Livre du siege』, 『이스마엘Ismaël』, 그리고 『알키탑』 등에서 꾸란을 신랄하게 비판하셨습니다. 선생님의 책을 읽는 서구 독자들은 선생님의 작품에 내재되어 있는 해체의 규모, 그리고 비종교성의 정도를 전혀 감지할 수 없습니다. 몇몇 구절의 해석을 통해 무슬림 문화에서 전설과 마술적 사상이 어떻게 뿌리내리게 되었는지 상세하게 설명하셨습니다.

아도니스 저는 종교 문화를 완전히 해체하고, 사상과 언어를 재가동하고 싶습니다. 하지만 누군가가 저에게 "당신은 무슬림으로서 무엇을 기여할 수 있습니까?"라고 묻는다면, "무슬림으로서 저는 기여할 수 있는 것이 아무것도 없습니다"라고 대답할 것입니다.

후리아 예수를 존경하시는군요!

아도니스 저는 이븐 아라비, 닙파리, 아부 누와스를 존경하는 것처럼 예수도 존경합니다. 저는 시와 창의력을 중요하게 생각하기 때문입니다. 예수는 시인이었습니다.

5

불편한 관계

66 서구와 아랍의 관계는 상당히 다중적이고 복잡합니다. 그런 이유들 중 하나는 서구 정권들이 정치나 교역 차원에서 아랍 국가들과 교류하는 데 관심이 없기 때문입니다. 서구는 아랍의 부유함과 전략적 위치 때문에 아랍과 교류하기를 원합니다. 즉, 서구는 아랍의 문명화에 전혀 관심이 없습니다. 또 한 가지 중요한 사실은 이슬람이 근본적으로 반서구적 태도를 견지하고 있다는 사실입니다. 실제 교류는 서구 정권과 이슬람 정권 사이에서 이루어집니다. 그리고 이슬람 정권은 가스와 석유를 토대로 세워진 정치 경제 체제입니다. 따라서 서구 정권은 아랍의 위대한 작가들이나 아랍 좌파의 열망, 또는 국가와 종교의 분리 문제 등에 전혀 관심이 없습니다. 현재 서구 정치 세력은 아랍의 근본주의자들을 지지하고 있습니다. 99

후리아   지금 이슬람에서 일어나고 있는 사태를 비판하는 사람은 단 한 사람도 없습니다. 제가 생각하기에 아랍의 지식인들은 정치에서 완전히 후퇴한 것 같습니다.

아도니스   아마도 문화가 점점 직업화되고 있기 때문일 것입니다. 지식인은 일개 관리자로 전락했습니다. 관리자가 된 지식인들은 개혁하려는 열망을 포기해버렸습니다. 관리자로서 창조적인 사고방식을 유지하는 것은 불가능합니다. 장 폴 사르트르Jean Paul Sartre, 알베르 카뮈Albert Camus, 레몽 아롱Raymond Aron 등의 지식인 세대는 그들의 흔적을 남겼습니다. 그들은 지식인으로서 정치에 참여했습니다. 사르트르는 지성적으로뿐만 아니라 정치적으로도 투쟁했던 인물입니다.

후리아   세계화로 인해서 지식인들뿐만 아니라 사상 자체도 얼어붙고 있습니다. 오로지 단일한 경제 체제와 단일한 문화가 세계를 지배하고 있습니다.

아도니스   유럽 사회는 이미 노화해서 지쳐 있는 상태입니다. 특히 경제 문제 때문에 균열의 조짐이 보이고 있습니다. 유럽 사회의 많은 사람이 실업 문제로 고민하고, 미래에 대한 불안감에 시달리고 있습니다. 프랑스에는 거의 400만 명의 실업자가 있습니다. 불안에 사로잡혀 있는 실업자들은 미래를 위한 개방 정책 대신 폐쇄 정책을 선호합니다. 따라서 유럽 사회를 쇄신하고 새로운 비전과 문화 정책을 제시하기 위해서는 무엇인가 변화되어야 합니다.

후리아   부르디외는 "유토피아를 다시 회생시켜야 한다"라고 주장했습니다.

아도니스 유토피아가 여러 해결책 중 하나가 될 수 있겠지요. 하지만 아랍 세계는 미래를 계획하는 대신 이미 완결된 프로젝트와 마주하고 있습니다. 바로 종교에 헌신하는 것입니다. 유럽도 아랍 세계와 마찬가지로 후퇴하는 조짐을 보이고 있습니다. 예컨대 서구 정치권은 일반적으로 와하비즘이 구현하는 반계몽주의를 지지하고 있습니다.

후리아 서구는 아랍 세계의 독재자들을 계속 지지해왔지요.

아도니스 네, 맞습니다. 서구는 이제 문화, 계몽, 미래, 개혁에는 관심이 없고 오로지 금전에만 관심이 있습니다.

후리아 저는 가끔 다음과 같은 질문을 던지게 됩니다. 어떻게 서구는 아랍 세계의 혁명 운동을 지지하는 대신 가장 반동적인 정권들과 손을 잡게 되었을까요?

아도니스 우리가 서구라고 이야기할 때, 이는 정치 기관이지 개인이 아니라는 점을 분명히 할 필요가 있습니다. 전통적으로 서구의 정치 기관들은 아랍 국가들과의 관계에서 항상 지배적인 위치를 견지해왔습니다. 푸아티에와 안달루시아에서 일어났던 일들은 아직도 잊히지 않고, 계속 생생하게 기억되고 있습니다.

후리아 중세에 아랍인들이 그리스 사상을 유럽에 전해준 사실을 고마워하는 마음도 있지 않을까요?

아도니스 아랍 철학자들은 단지 다리 역할을 했을 뿐입니다. 그들은 전달자였지 창작자는 아니었습니다. 아랍의 유일한 혁신가는 아리스토텔레스Aristoteles의 작품을 해설한 아베로에스인데, 아베로에스의 작품들 또한 상당히 체제 저항적이고 강력합니다. 아베로에스는 상당한 영향력이 있는 체제 저항자로 간주되었기 때문에 유럽, 특히 프랑스에서 배척받았습니다. 그는 유럽 사회의 적으로 간주되었던 인물입니다.

후리아 아비센나와 이븐 알하이삼(라틴어로 알하젠Alhazen)과 같은 학자들도 그리스 사상을 유럽에 전하는 데 기여했고, 상당히 독보적인 저술 활동을 했습니다. 이븐 알하이삼은 물리학에서 최초로 루멘(가시광선의 총량을 나타내는 단위 — 옮긴이)을 말한 사람입니다. 그의 저작은 실레시아 수도승이던 비텔리온Vitellion이 번역했는데, 비텔리온은 원작자의 이름을 절대 밝히지 않았습니다.

아도니스 물론 더 많은 혁신가가 아랍에 존재합니다. 하지만 서구는 아랍인들을 중국들인이나 일본인들과는 다르게 대합니다. 서구는 십자군 전쟁과 식민지 시절을 아직도 기억하고 있기 때문입니다. 식민지의 경험이 계속 살아 있는 것이지요.

후리아 더불어 종교적인 이유도 있습니다. 예를 들어 극동 지역과의 관계는 전혀 다른 차원에서 전개되고 있는데, 이는 극동 지역의 국가들이 일신교를 믿지 않기 때문입니다.

아도니스 정확하게 말씀하셨습니다. 서구와 아랍의 관계는 상당히 다중적이고 복잡합니다. 그런 이유들 중 하나는 서구 정권들이 정치나 교역 차원에서 아랍 국가들과 교류하는 데 관심이 없기 때문입니다. 서구는 아랍의 부유함과 전략적 위치 때문에 아랍과 교류하기를 원합니다. 즉, 서구는 아랍의 문명화에 전혀 관심이 없습니다. 또 한 가지 중요한 사실은 이슬람이 근본적으로 반서구적 태도를 견지하고 있다는 사실입니다. 실제 교류는 서구 정권과 이슬람 정권 사이에서 이루어집니다. 그리고 이슬람 정권은 가스와 석유를 토대로 세워진 정치 경제 체제입니다. 따라서 서구 정권은 아랍의 위대한 작가들이나 아랍 좌파의 열망, 또는 국가와 종교의 분리 문제 등에 전혀 관심이 없습니다. 현재 서구 정치 세력은 아랍의 근본주의자들을 지지하고 있습니다.

후리아 결론적으로 아랍의 개혁 세력이나 좌익 운동은 와하비즘의 공격과, 동시에 서구 정권의 공격도 받고 있습니다. 와하비즘과 서구 정권은 항상 독재 정권을 지지합니다.

아도니스 거대한 두 세력이 아랍의 좌익과 대치하고 있는 것이죠. 그리고 이슬람은 1258년 이후, 즉 바그다드의 몰락 이후 계속 퇴보하고 있다고 보아야 합니다. 비록 근대화의 영향을 조금씩 받기는 했지만 이슬람은 여전히 퇴보적인 행태에서 벗어나지 못하고 있습니다.

후리아 그런데 19세기와 20세기 초에 작가들을 중심으로 한 개혁 운동이 있었습니다. 작가들은 전통적인 세계관을 해체해야 한다고 주장했지요.

아도니스 위대한 작가들이 일으킨 개혁 운동이 분명히 있었습니다. 문제는 전통적인 세계관이 결국 승리했다는 사실이지요.

폭력과 이슬람

후리아 준비 부족 때문이었나요? 아니면 의지가 부족해서였을까요? 또는 대부분이 문맹자들이었기 때문이었을까요? 아니면 시간이 부족했나요?

아도니스 모든 요소가 뒤섞여 있다고 생각합니다. 하지만 제가 생각하기에 핵심적인 원인이 하나 있습니다. 아랍 사회는 본인의 신앙을 절대 의심하지 않는 신앙인이나 무슬림으로 구성되어 있습니다. 그런데 개혁 운동을 추진하는 지식인들은 전통이나 문화에 대한 혁신적이고 근본적인 문제를 제기하거나 타협하지 않는 태도를 보이는 대신 표면적인 개혁 운동에 만족하고 있습니다. 그래서 세속적인 운동이 모두 실패하게 된 것입니다. 이와 함께 서구는 아랍에 진정한 좌파 세력이 뿌리내리는 것을 방해했습니다. 예멘을 예로 들어봅시다. 예멘의 항구도시 아덴Aden은 좌익 운동의 중심지였습니다. 그런데 서구는 이 작은 도시에서 활동하는 좌익 세력을 적대시했습니다. 이러한 사실에서 우리는 서구가 아랍 세계의 변화를 원하지 않는다는 사실을 확인할 수 있습니다. 서구는 아랍 사회의 미래가 긍정적인 방향으로 발전하는 것을 방해하고 있습니다.

후리아 아랍 세계는 서구의 골칫덩어리일 뿐인가요? 아니면 '이슬람의 고질병'이라는 표현이 더 적절할까요?

아도니스 서구는 아랍인들을 장난감이나 꼭두각시 인형으로 취급하지, 결정권을 가진 주체자로 보지 않습니다.

후리아 이슬람은 마치 나이 든 병자 같은 취급을 받고 있습니다.

서구 정치 세력은 이 나이 든 병자를 계속 이용만 하고 있습니다. 이 병자는 죽어도 안 되지만 살아남는 것도 허용되지 않습니다.

아도니스   서구는 아랍에 관여하는 문제에 있어 정치, 경제, 권력 등의 구체적인 분야에만 관심을 가져왔습니다. 하지만 서구 정치 세력은 인간과 세계에 대한 이슬람의 근본 사상, 비전, 관점에 전혀 개의하지 않습니다. 서구 정치 세력은 자신들의 부를 증가시키고 자국이 경제적·사회적 위기에서 탈출할 수 있는 도구로 아랍 세계의 전쟁과 갈등을 이용하고 있습니다. 오리엔탈리스트들은 학문 분야에서 훌륭한 업적을 남겼지만 이슬람을 진정으로 이해하지는 못했다고 보아야 합니다.

후리아   앙리 코르뱅Henry Corbin이나 루이 마시뇽Louis Massignon 같은 오리엔탈리스트들이 관심을 가졌던 것은 신비주의나 영성에 관한 주제였다고 생각합니다.

아도니스   그들이 관심을 가졌던 신비주의는 우리가 말하는 신비주의와 전혀 다릅니다. 그들은 신비주의를 이슬람의 일부로 이해했는데, 이게 그들의 실수였습니다. 신비주의에서 찬양하는 사랑은 이슬람의 계시와 전혀 상관없습니다. 현재 이슬람이 어떠한 상태에 놓여 있는지 잘 들여다보세요. 이슬람은 시와 신비주의, 철학을 모두 배제해버렸습니다. 현재 이슬람에 그 존재성과 영향력을 확인해줄 수 있는 요소는 바로 이슬람이 스스로 내던지고 거부한 전통입니다.

후리아   하여간 서구는 이슬람 문제를 상당히 피상적으로 다루고 있습니다. 언젠가 서구는 이러한 무지에 대한 대가를 치러야 할 것입니다.

아도니스　타자를 대하는 서구의 태도는 근본적으로 재고되어야 합니다.

6

예술, 신화, 종교

" 제가 예술이나 신화에 관심을 가지는 것은 이들이 계속 질문을 하기 때문입니다. 신화와 마찬가지로 예술의 본질은 문제를 제기하는 것입니다. 반대로 종교는 제가 이미 말했듯이 해답만을 제시합니다. **"**

후리아 아랍어에는 신체를 지칭하는 단어가 두 개 있는데, 하나는 알지슴al-jism이고 다른 하나는 알바단al-badan입니다. 알바단은 성욕을 자극하는 신체 부위, 즉 리비도를 지칭합니다. 언젠가 저에게 말씀하시기를, 피곤할 때 춤추는 육체를 보면 긴장이 풀어진다고 하셨지요. 춤을 상당히 좋아하시는 것 같습니다.

아도니스 춤은 시와 같습니다. 춤을 통해 인간은 본능적 구속에서 벗어나 더 넓은 시야를 가지게 되고 변화에 민감해지며, 이해력을 증대할 수 있습니다.

후리아 스페인 영화감독인 카를로스 사우라Carlos Saura가 제작한 〈카르멘Carmen〉을 무척 감명 깊게 보셨다고 들었습니다. 특히 카르멘과 그녀의 경쟁자가 서로 맞서는 장면이 인상 깊었다고 하셨지요.

아도니스 춤은 인간의 고유한 본능에 속하는 행위입니다. 순수하고 거짓이 전혀 없는 예술이지요. 저는 〈카르멘〉의 두 여성 댄서가 얼굴을 맞대고 대립하는 것을 보면서, 이 대립은 누가 더 순수하고, 누가 더 진실한지 증명하기 위한 것이라고 생각했습니다. 두 여인은 상대방에게 이렇게 말합니다. "내가 더 순수하지. 나야말로 인간의 순수함을 구현하는 사람이야." 이들은 "나는 너보다 더 인간적이고 너보다 더 '예술적이야'"라고 말합니다. 춤을 추는 육체를 바라보면서 우리는 물질적인 세상을 초월한 순수한 자신과 마주하게 됩니다.

후리아 선생님에게 예술은 '변화를 가능하게 하는 힘'입니다. 이는 자연의 물질과 접촉할 때도 적용된다고 하셨습니다.

아도니스 한마디로 저는 제가 전혀 알지 못하는 세계에 내동댕이 쳐졌습니다. 그런데 아주 우연히 저는 '예술', '시'라고 불리는 세계와 만나게 되었습니다. 그리고 예술과 시를 통해 '나는 누구인가?'라는 질문을 던지게 되었습니다. 예술은 어떤 의미에서 제가 활동하는 공간과 생활하는 공간, 그리고 동료들을 더 잘 이해할 수 있도록 도와주었습니다. 예술은 제가 알지 못하는 낯선 세계를 파악하는 데 많은 도움을 주었습니다.

후리아 '나는 누구인가?' 선생님에게 가장 중요한 질문이지요. 이는 억압받지 않는 존재, 즉 탐구하고 지식을 습득하고, 스스로 무엇인가를 창조할 수 있는 자유로운 존재입니다.

아도니스 저는 의문점이 생기면 그 문제에 온전히 매달립니다. 그리고 결과적으로 무엇인가를 꼭 깨닫게 됩니다. 이러한 탐구 과정에는 기쁨과 슬픔이 동시에 존재합니다. 저는 또한 탐구하는 과정에서 엄청난 감동을 느낍니다. 탐구하는 행위 자체가 개인의 변화를 이끌기 때문입니다. 그리고 이러한 변화는 내적으로 끊임없이 일어납니다. 왜냐하면 탐구 작업은 절대 중단되지 않기 때문입니다. 따라서 글쓰기는 깨닫는 행위인 동시에 변화를 동반합니다.

후리아 헤라클레이토스와 이븐 아라비도 끊임없는 변화를 강조했습니다.

아도니스 덧없는 이 세상에서 영원히 남는 것은 예술과 창조성뿐입니다. 인간은 본질적으로 변화를 초래하고, 스스로 변화하는 창조적

폭력과 이슬람

인 존재입니다. 저는 인간 활동의 본질인 창작 활동에 저의 모든 것을 바치고 있습니다. 영원히 남는 것은 창조된 작품뿐입니다. 예술은 인간이 위대한 창조자이고, 자연이 모든 혁신의 모체라는 사실을 증명해 줍니다. 이와 같은 사실 때문에 이슬람은 조각이나 이미지의 창조를 금지하고 있습니다.

후리아　유명한 화가나 조각가들과 같이 작업하셨지요.

아도니스　제가 예술에 관심을 가지게 된 것은 1950년대부터입니다. 저는 당시 시리아에 거주하고 있었고, 화가들의 아틀리에에 자주 드나들었습니다. 어느 날 다마스쿠스의 유명한 화가 파티흐 알무다리스Fātih al-Mudarris를 만나게 된 후로 많은 화가와 계속 교류하게 되었고, 그들의 작품을 통해, 그리고 그들과의 교류를 통해 계속 성장하고 인식의 폭을 넓힐 수 있었습니다. 저는 많은 예술가 친구들과 예술에 대한 책, 그리고 카탈로그 작업을 함께 하고 있으며, 때로 전시회 준비를 같이 하기도 합니다. 얼마 후에 아랍 화가들과의 교류에 대한 묵직한 책을 출판할 계획입니다. 제목은 '변화의 미학jamāliyat at-tahawwul'입니다.

후리아　예술은 변화라고 주장하시면서, 선생님은 손과 정신의 결합에 대해 말씀하십니다.

아도니스　맞습니다.

후리아　손과 정신의 결합을 상징하는 콜라주 작업을 많이 하시지요. 선생님 작품은 아랍의 캘리그래피와는 전혀 상관없는 일종의 해체적 의미를 담고 있습니다. 주로 단색으로 이루어진 상당히 아름다운 작품입니다. 선생님의 작품을 보면서 사브한 아담Sabhan Adam에 대해 쓰신 글을 떠올리게 되었습니다. 그 글에서 어떻게 사브한 아담이 '그는 자신의 형상대로 인간을 창조했다'라는 명제와 완전히 단절했는지를 설명하셨습니다. 사브한 아담의 작업은 사물의 왜곡에 관한 것입니다. 선생님은 이러한 왜곡성 때문에 깊은 감동을 받으신 것 같습니다. 왜냐하면 왜곡은 종교에 대항하는 예술이기 때문입니다.

아도니스 사브한 아담의 작품에는 여러 가지 요소가 혼합되어 있습니다. 얼굴과 육체는 완전히 뒤틀어지게 묘사됩니다. 사브한 아담은 자신을 짓누르는 미학적 기준과 종교적 규율에서 육체를 해방시키기 위해 이러한 표현 방법을 선택했습니다. 그는 이를 통해 인간의 고유한 인간성과 동시에 인간의 동물적 본성에 근본적인 질문을 던집니다. 화가는 종교가 금기시했던 문제들을 작품을 통해 표현하고 있습니다.

후리아 형상이란 무엇인가? 그리고 이미지는 무엇인가? 또한 인간의 본질은 무엇인가? 선생님은 이와 같은 질문을 계속 던지고 계십니다. 그리고 항상 꾸란이 규정하고 있는 '진실'을 비판하고 계십니다. 따라서 선생님의 시는 이러한 질문들을 다루고 있습니다.

아도니스 이슬람은 '시'가 진실성을 결여한 속임수에 불과하며 인간의 방황을 초래한다고 주장합니다.

후리아 프로이트는 항상 시인들의 '섬세한 감수성'을 극찬했습니다. 시인들은 이러한 감수성을 통해 영혼의 감추어져 있는 움직임을 포착하고, 무의식 세계의 진실성에 대해 말할 용기를 갖게 됩니다. 그런데 종교의 중압감에서 벗어나 이러한 주체적인 의식을 확립하는 것은 쉬운 일이 아닙니다.

아도니스   이슬람은 시 자체를 말살해버렸습니다. 이는 결국 움마의 신앙을 위해 개인의 주체성과 감성, 그리고 삶에 대한 인간의 경험을 말살시킨 것이나 다름없습니다. 시 자체가 진실을 추구하고, 깨어 있는 의식을 상징한다는 사실을 이슬람은 거부했습니다. 이슬람은 시를 추방하고 처벌의 대상으로 삼았습니다. 그런데 진실을 추구할 권리를 빼앗긴 시는 시로서의 기능을 상실하게 됩니다. 시는 종교를 해석하고 해체하는 기능을 합니다. 여기서 말하는 종교는 신앙과 지식 모두를 포함합니다. 결론적으로 말씀드리자면 시는 진실을 추구합니다.

후리아   꾸란은 시인들을 비판합니다. 꾸란에서 시를 비판하는 구절은 여섯 개입니다. 예컨대 다음 구절입니다.

> 시인들은
> 방황하는 자들을 따르는 자들이라.
> 그들이 모든 계곡에서 이성을 잃고 방황하는 것을
> 너희는 보지 않았느뇨.[1]

---

1   꾸란 26:224.

아도니스 시적 관점에서 보면 종교는 이중적 허무주의를 표방합니다. 왜냐하면 종교는 지상의 존재가 가지고 있는 아름다움을 파괴하고, 이러한 아름다움을 천국에 대한 끊임없는 환상으로 채우기 때문입니다. 시는 이데올로기가 아니기 때문에 신성에 직접 도전할 수 있는 장점이 있습니다. 시는 신화와 마찬가지로 진실 추구를 향한 무한한 가능성을 열어줍니다.

후리아 어느 날 우연히 아도니스에 관한 책을 발견하셨지요. 그 책이 계기가 되어 신화에 관심을 가지게 되신 것 같습니다.

아도니스 신화를 발견함으로써 저는 창작의 힘이 무엇인지 알게 되었고, 또한 모든 인간이 가지고 있는 잠재 능력을 발견하게 되었습니다.

후리아 그 후로 오르페우스를 통해 많은 영감을 받았고, 반대로 나르키소스에 대해서는 문제를 제기하셨습니다. 그러면 오디세우스는 어떤가요? 선생님도 오디세우스와 마찬가지로 거의 한곳에 머무르지 않고 계속 여행 중이신데요.

아도니스 저는 집에 돌아오자마자 다음 여행에 대한 꿈을 꿉니다.

후리아 하지만 본인이 오디세우스라고 생각하지는 않으신가요?

아도니스 아니요. 저는 오디세우스가 아닙니다. 오디세우스는 고전적이고 전통적인 습성에 매여 있는 인물이며, 또한 다소 낭만적인 인물이기도 합니다. 그런데 실제로는 아주 평범한 사람이었습니다. 그는 동시대의 다른 사람들이 겪지 못한 모험을 몸소 겪은 사람입니다. 하지만 다른 사람들처럼 평범한 사람이었습니다. 여행하면서 고향으로 돌아가는 것을 계속 꿈꾼 사람인 것이죠.

후리아　오디세우스는 칼립소가 제공했던 불멸성을 거부했는데, 왜냐하면 다른 종류의 불멸성을 중시했기 때문입니다.

아도니스　그는 불멸성을 거부하고 고향 집과 아내를 선택한 사람입니다. 저는 사실 오디세우스가 심오한 질문을 던진 사람이라고 생각하지 않습니다. 그는 신화의 이쪽 편에 머물렀던 사람입니다. 신화는 그것보다 훨씬 더 복잡하고 풍부합니다. 오이디푸스는 오르페우스나 나르키소스처럼 끊임없이 질문을 던진 인물인 반면, 오디세우스는 여러 가지 난관에 부닥쳐 승리한 후 귀향한 사람입니다. 그는 고향에 대한 찬사를 체화한 인물입니다.

후리아　오르페우스는 개인의 명성이나 영웅적인 면을 부각했던 인물은 아니지요.

아도니스　제가 예술이나 신화에 관심을 가지는 것은 이들이 계속 질문을 하기 때문입니다. 신화와 마찬가지로 예술의 본질은 문제를 제기하는 것입니다. 반대로 종교는 제가 이미 말했듯이 해답만을 제시합니다.

후리아　이슬람에 왜 그렇게 비판적이신지 이해할 수 있을 것 같습니다. 이슬람은 신화와 시를 모두 금했습니다. 시는 신의 존재에 대한 신화적 표현입니다. 신화 없이는 언어도 존재할 수 없습니다.

아도니스　세계는 일신교가 창립되기 이전에 이미 존재하고 있었습니다. 다양성과 풍요로움을 둘 다 가지고 있었지요. 따라서 신화나 예술을 제거한다는 것은 인류의 불씨를 꺼버리는 것과 같습니다.

후리아 예술은 무의식 세계가 가지고 있는 진실성과 개인의 주체성의 표현 수단입니다. 우리 문화에서 무의식의 진실성에 대한 연구는 아직 미흡합니다.

아도니스 이슬람이 정권을 확립한 후 시는 소멸되었습니다. 그리고 아바스 왕조가 시작되면서 겨우 다시 모습을 드러내기 시작했습니다. 마찬가지로 꾸란 경전은 모든 종류의 창작 활동과 비판 정신에 부정적입니다. 꾸란은 언어의 가능성에 한계를 긋고, 세상을 표현하는 언어의 자유를 빼앗아버렸습니다.

7

언어와 율법 사이에
존재하는 시

“ 제가 가장 중요하게 생각하는 문제는 어떻게 저의 언어를 통해 저 자신을 더 잘 이해할 수 있는가 하는 것입니다. 저의 언어가 곧 저의 조국이고, 제가 처한 환경이며, 저의 공간입니다. 언어야말로 제가 뿌리를 내리고 있는 장소입니다. ”

후리아　루사피Rusafi처럼 20세기 초에 활동한 아랍 시인들은 시의 근대화를 위해 노력했지만 성공하지 못했습니다. 실패한 이유가 무엇이라고 생각하십니까?

아도니스　우선 근대화에 대한 개념을 정의해야 합니다. 프랑스의 근대화는 미국의 근대화와 다릅니다. 따라서 아랍의 근대화를 논의할 때 우리는 아랍의 근대성이 무슨 의미가 있는지 물어야 합니다. 시 분야의 근대화냐, 사상의 근대화냐, 일상생활의 근대화냐에 따라 그 내용이 달라집니다.

후리아　시 분야의 근대화를 먼저 말씀해주세요.

아도니스　아랍 사회 내의 근대화는 우선 기존 담론과의 결별을 의미합니다. 근대성은 절대로 전통이나 현재 상황 속에서는 생성되지 않습니다. 시 분야의 근대화는 8세기에 밧샤르 이븐 부르드Bashshār ibn Burd와 아부 누와스에 의해 시작되었습니다. 이들은 과거의 시적 전통과 완전히 결별한 사람들입니다. 즉, 이들은 우선 종교가 지배하는 세계와 단절하고 세계와 사물, 그리고 인간의 삶을 규정하는 종교적 관점에서 벗어났던 사람들입니다. 따라서 자신을 표현하는 방법은 달라질 수밖에 없었습니다.

후리아　그들이 새로운 언어를 창조했다고 말할 수 있을까요?

아도니스　아부 누와스와 밧샤르 이븐 부르드는 바그다드의 '근대적' 생활양식을 표현하는 언어를 고안했습니다. 이러한 근대성은 알마아르리 시대에 절정에 이르렀는데, 알마아르리는 주류 문화와 완전히 결별한 시인입니다. 반면 루사피처럼 20세기 초에 활동한 시인들은 고전적이고 전통적인 방법으로 자신을 표현하면서 근대성을 도입하고자 노력했습니다.

후리아   이제 이해가 더 잘 갑니다. 루사피 같은 시인들은 전통 스타일로 구시대의 상징인 낙타에 관한 시를 쓴 것이 아니라, 새로운 문명을 대변하는 기관차에 관한 시를 썼다는 말씀이시군요.

아도니스   루사피는 기관차와 같은 새로운 문물을 주제로 삼기는 했지만 이러한 새로운 문물을 발명한 근대정신은 무시했습니다. 근본적으로 그가 변화시킨 것은 아무것도 없습니다. 나흐다nahda(르네상스) 시대의 시들은 과거의 모방이며 반복에 지나지 않습니다. 시인은 기관차라는 주제를 선택하긴 했지만 그 외에 서구의 문물이나 정신에 관심을 가지지 않았습니다. 즉, 루사피는 유럽의 근대화 이전에 아랍의 위대한 시인들이 이미 8세기부터 10세기 사이에 이룩한 전통은 무시하고 유럽에서 들어온 새로운 문물에만 관심을 가졌습니다.

후리아   우리는 근대성을 이미 경험했다는 말씀이시군요. 그렇다면 사이얍Sayyāb[1]은 어떤가요?

아도니스   사이얍은 근대성을 실제로 시작한 사람입니다. 그는 근대 시인들 중 가장 중요한 사람이지요. 사이얍 이전에 쓰인 시들은 과

---

1   바드르 샤키르 알사이얍(Badr Shākir al-Sayyāb). 시인이며, 1926년에 이라크 바스라에서 태어나 1964년에 사망했다.

거의 시들에 대한 단순한 반복과 모방이었을 뿐입니다. 그 외에 새롭고 자유로운 언어를 구사했던 니자르 깝바니Nizār Qabbānī[2]가 있고, 또한 샤우끼Shawqī[3]의 영향을 가장 많이 받은 압델 사부르Abdel Ṣabour[4]는 전통적인 표현 방식과 완전히 결별하고 일상생활을 소재로 시를 쓴 사람입니다. 그리고 얼마 전에 작고한 운시 엘핫즈Ounsi el-Hajj[5]와 모하메드 알마구트Mohamed al-Maghout[6]도 있습니다. 하지만 아직까지 문제가 되는 것은 이러한 시인들에게서조차도 과감한 혁신성과 주도성이 결여되어 있다는 사실입니다. 시인들은 종교가 지배하는 문화와 진정으로 결별하는 것을 두려워했습니다.

후리아 선생님은 계속 '종교가 지배하는 문화와의 단절'을 말씀하시는데 이제야 그 의미를 이해할 수 있을 것 같습니다. 시인 알후타이아Al-Hutay'a[7]가 그의 어머니에 대해 쓴 시가 기억납니다. 그 시에서

---

2 니자르 깝바니(Nizār Qabbānī). 시인이자 시리아 외교관이며, 1923년에 다마스쿠스에서 태어나 1998년에 사망했다.

3 아흐마드 샤우끼(Aḥmād Shawqī). 시인이며, 1868년에 태어나 1932년에 사망했다.

4 살라 압델 사부르(Salāḥ Abdel Ṣabour). 시인이자 극작가, 에세이스트이며, 1931년에 이집트에서 태어나 1981년에 사망했다.

5 레바논 시인이며, 1937년에 태어나 2014년에 사망했다.

6 시리아 시인이며, 1934년에 살라미야에서 태어나 2006년에 다마스쿠스에서 사망했다.

7 이슬람이 도래하기 이전에 활동한 시인이며, 아부 바크르 시대에 이슬람으로 개종했다.

알후타이아는 모친 살해를 정당화했습니다. 그의 시는 '천국은 어머니의 발밑에 놓여 있다'라고 말하는, 어머니들을 신성화하는 종교 문화에 위배됩니다. 또한 알후타이아는 다른 시에서 자신의 얼굴을 증오하는 나르키소스를 묘사합니다. 알후타이아의 시들이 바로 선생님께서 말씀하시는 주체성이나 인간의 경험을 표현한다고 생각합니다.

아도니스   알후타이아는 이슬람 이전 시대의 사람입니다. 근대성을 논할 때 우리가 프랑수아 비용François Villon을 언급하는 것처럼 앞에서 언급한 시인들은 이러한 의미에서 논의해야 합니다. 그들은 근대성을 이끌었던 전위집단이었습니다. 타라파Tarafa[8] 같은 사람도 근대성을 이룩했던 사람이며, 임루 알까이스Imru'u al-Qays는 남성과의 관계를 통해 기쁨을 얻으면서 자신의 아기에게 젖을 먹이는 여성의 이미지를 시로 썼던 사람입니다. 만약 프로이트가 이 시를 읽었다면, 이 시를 자신의 이론의 한 예로 적용했을 것입니다.

후리아   정신분석은 '코페르니쿠스적 혁명'이라고 불릴 정도로 근대성을 앞당기는 데 기여했지만, 여성에 관한 한 아직도 전통 관점에 얽매여 있습니다. 임루 알까이스는 이중적 쾌락을 즐기는 여성의 이미지를 묘사합니다. 하나는 여성으로서의 쾌락이고, 다른 하나는 어머

---

8   타라파 이븐 알압드(Ṭarafa ibn al-'Abd). 이슬람 이전에 활동한 시인이다. 타라파는 '젊어서 처형당한 자'라고 불리는데, 그가 26세에 사지가 절단되어 산 채로 매장되었기 때문이다. 564년경에 사망했다.

니로서의 쾌락입니다. 모하메드 슈크리Mohamed Choukri가 쓴 『오로지
빵을 위하여al-Khubz al-Hafi』에 와서야 진정한 여성으로서의 어머니 이
미지가 묘사되었습니다.

아도니스 이러한 이미지들은 우리에게 상당한 놀라움을 안겨줍
니다. 밧샤르 이븐 부르드와 아부 누와스의 시처럼 이슬람 이전의 시
는 상당히 근대적이었습니다. 하지만 이슬람은 이처럼 인간의 경험에
서 우러나는 근대성과 창조성을 모두 짓밟아버렸습니다. 현재까지 아
랍 세계에서 시와 시적 언어, 그리고 아랍의 미학에 대한 심층 연구가
이루어지지 않고 있다는 사실을 매우 유감스럽게 생각합니다.

후리아 선생님께서는 최초로 아랍의 미학에 관해 상당히 긴 논
문을 쓰셨습니다. 논문의 내용은 사치스러움을 묘사하는 단어와 개념
에 관한 것입니다. 이 논문은 제가 직접 번역했고 콜베르위원회Comité
Colbert에서 출판되었습니다.

아도니스 제가 알기로 아랍의 미학을 다룬 글은 단 한 편도 없습
니다. 아랍 사회에서 통용되는 사치스러움의 영적 측면과 아랍 단어
의 역사, 아랍어의 음악성에 관한 글을 청탁받고 그 논문을 쓰게 되었
습니다.

후리아 사물에 대한 애정을 바탕으로 생겨난 단어들의 역사입니
다. 저는 선생님이 쓰신 논문과 마흐무드 다르위시Mahmoud Darwich에
관한 연구서를 읽었습니다. 그 연구서에서 시인들이 관심을 가졌던
것은 그들이 묘사하는 사물이 아니라 그들이 사용한 단어라고 밝히셨

습니다.

아도니스 새로운 사상을 발전시키기 위해서는 기존의 지배 문화와 결별해야 합니다. 시인들 중에 기존 문화와 철저히 결별하고 시 쓰기를 위한 새로운 공간을 개척한 사람들이 있습니다. 불행히도 아주 소수이긴 합니다. 제가 말씀드렸듯이 8세기에 활동했던 아부 누와스는 20세기의 많은 시인들보다 훨씬 근대적입니다. 누와스는 자기만의 언어와 자기만의 세계를 창조했습니다.

후리아 아랍어는 내재되어 있는 욕구의 자연스러운 분출이라고 말씀하셨지요.

아도니스 아랍어는 꾸밈이 없는 자연스러운 언어이기 때문입니다. 그리고 이러한 특성 때문에 보편적인 성질이 있습니다. 보편적이고 동시에 인간적입니다. 아랍어는 아주 자연스럽게 형성되었기 때문에 신비주의적이라고도 말할 수 있습니다. 즉, 아랍어는 신이 만든 언어가 아닙니다. 아랍어는 신이나 지구 밖의 생명체가 만든 언어가 아니라 자연적으로 분출된 언어입니다.

후리아 땅으로부터의 분출인가요?

아도니스 인간으로부터, 인류로부터, 땅으로부터, 우주의 물질들로부터 분출된 언어입니다. 그래서 보편적이라고 말하는 것입니다. 종교가 이러한 언어에 족쇄를 채우고 언어의 보편성을 빼앗아버렸습니다. 시는 샘처럼 솟아오릅니다. 시는 바람과 같고, 빛이나 사막의 움직임, 그리고 식물이나 종려나무와 같습니다. 이슬람 이전의 시는

폭력과 이슬람

전혀 종교의 교리나 사상의 영향을 받지 않았습니다. 이 시기의 시는 완전히 우연히 쓰였기 때문에 본질적으로 자연스럽습니다. 상위 언어는 이론화가 진행되면서 탄생했습니다.

후리아 자크 라캉Jacques Lacan은 명사와 관사를 붙여서 '라랑그lalangue'라는 단어를 고안했습니다. 인간은 언어에 의해 규정됩니다. 저는 모성어母性語라는 단어를 들을 때마다, 아랍어에는 이 단어가 존재하지 않는다는 느낌을 받게 됩니다. 제가 잘못 생각하고 있는 것일까요?

아도니스 우리 '문화'에서 지배적으로 사용하는 언어는 부성어父性語입니다.

후리아 그렇다면 부성어와 모성어, 두 가지가 존재한다고 말할 수 있을까요?

아도니스 네, 맞습니다. 문화의 언어는 부성어이고, 자연의 언어는 바로 모성어입니다.

후리아 말하자면 음색과 멜로디, 그리고 최초의 신뢰감이 모성어에 속한다는 말씀이군요.

아도니스 네, 모성어는 이성적 사유와 합리성, 그리고 합리화와 거리가 먼 언어입니다.

후리아 선생님은 스스로를 아도니스라고 칭하시는데, 왜 어머니에 대한 시에서는 어머니를 움 알리Oum 'Ali⁹(알리의 엄마)라고 지칭하셨나요? 어머니 앞에서 선생님은 아도니스가 아니라 다시 알리가 되셨습니다. 알리는 선생님이 기억하는 최초의 음성이기 때문이며 유아기 시절에 경험한 신뢰감 때문이라고 느낍니다.

아도니스 제가 저의 어머니를 움 알리라고 지칭한 것은 저에게 친근하고 상당히 개인적이던 무엇인가를 떠올리기 위한 것이었습니다. 동시에 이 무엇인가는 특정한 장소와 문화적 공간과 연결되어 있습니다. 움 알리라는 표현은 움 아도니스보다 훨씬 더 여성적이라고 느낍니다. 움 알리는 또한 저의 어머니가 살았던 공간을 떠올리게 합니다. 솔직히 말하자면 움 알리는 아도니스와 전혀 상관이 없습니다. 저의 어머니는 알리에게 속했던 분이시죠. 아도니스는 제 안에 있는 외부인입니다.

후리아 이 시는 강렬하면서도 아름답습니다. 선생님은 어머니와 할머니들이 들려주셨던 이야기와 그들의 눈길, 그들이 던졌던 질문, 그리고 그들의 고난을 많은 애정과 동시에 거리감을 가지고 표현하셨습니다. 이 시에서 우리는 아들로서 느끼는 사랑과 관찰자가 유지해야 하는 거리감을 동시에 느낄 수 있습니다. 즉, 이중적 관점에서 시를 지으셨지요.

아도니스 사실대로 말씀드리면 저는 이러한 이중성을 생각해본 적도 없고 그렇게 쓰려고 계획하지도 않았습니다. 선생님이 이러한

---

9   무슬림 문화에서 결혼한 여자들이 아들을 얻으면 '(첫 아들의 이름)의 엄마'라고 불린다—옮긴이

이중성을 잘 포착하신 것 같습니다.

후리아　선생님은 어머니를 항상 시의 모태로 묘사하셨습니다. 저는 항상 움 아도니스로 다시 태어난 움 알리를 주시해왔습니다. 움 알리에 대한 묘사는 움 아도니스로 변화하기 이전의 순수한 아이의 이미지를 떠올리게 합니다. 아도니스는 여러 가지 성향의 문화를 습득한 아이이고, 알리는 첫 번째로 태어난 순수한 아이를 의미합니다.

아도니스　해석이 아주 훌륭하십니다. 제가 움 알리를 고집한 이유를 저보다 더 잘 아시는 것 같습니다. 어머니의 아들은 알리이지 아도니스가 아닙니다. 알리라는 이름을 통해 저는 저 자신을 파악할 수 있고, 또한 저의 어머니를 통해 저를 좀 더 잘 이해할 수 있는 것 같습니다.

후리아　영국의 정신분석학자 도널드 위니콧Donald Winnicott은 어머니의 얼굴이 아이들의 거울이라고 말했습니다.

아도니스　본디 우리에게는 어머니가 둘일 수 없습니다. 하지만 아버지는 여러 명일 수 있지요. 어머니는 아이를 잉태한 사람입니다. 이러한 이유로 인간에게 가장 친근한 언어는 바로 어머니와 연결된 언어입니다. 그래서 우리는 '모국어'라는 개념을 사용하는 것입니다.

후리아　선생님이 말씀하시는 것은 실제로 알루가 알움므al-lugha al-umm(어머니의 언어)입니다. 저는 모국어와 어머니의 언어가 다르다고 생각하는데, 보통 모국어는 어머니가 사용하는 언어를 지칭합니다. 반면 어머니의 언어는 어머니가 사용하는 단어와 어머니의 목소리, 어머니가 발음할 때 들리는 멜로디를 모두 포함합니다. 즉 '어머니의 언어'라는 표현에서 어머니와 언어는 동일화됩니다.

아도니스 정확하게 보셨습니다. 저는 어머니에 의해 세상에 태어났듯이 어머니의 언어에 의해 창조된 존재입니다.

후리아 중세 아랍 사회에서 신비주의 성향이 있었던 이븐 아라비는 다음과 같이 말하기도 했습니다. 이브가 어머니 없이 창조된 것과 마찬가지로 예수도 아버지 없이 태어났다.

아도니스 신비주의 사상의 테두리 안에서 저는 이븐 아라비의 의견에 동의합니다. 이는 아주 탁월한 신비주의적 해석입니다.

후리아 신비주의가 아니라면 이븐 아라비는 아마도 그의 사상을 이렇게까지 발전시키지 못했을 겁니다. 이븐 아라비는 아담과 마리아가 부모이고 예수와 이브는 남매라고 주장했습니다.

아도니스 왜냐하면 종교에 찌든 이브가 모든 것을 왜곡했기 때문입니다. 이브는 아도니스나 이슈타르Ishtar가 될 필요가 있습니다. 즉, 신화의 일부가 되어야 합니다.

후리아 선생님은 어머니의 언어를 결코 저버리지 않으셨습니다. 예전에 선생님께서는 절대 프랑스어로 글을 쓰지 않는다고 말씀하시며, 아랍어가 선생님께 계속 충성을 요구하기 때문이라고 하셨습니다.

아도니스 맞습니다.

후리아 그렇다면 선생님의 이러한 충성심 때문에 망명 생활 중에도 절대로 외로움을 느끼지 않는 것일까요? 미국에 잠깐 머무셨고,

제네바에서 가르치시다가 지금은 오랫동안 프랑스에 살고 계십니다. 이렇게 계속 거주지를 옮겼는데도 전혀 망명자라고 생각하지 않는다고 하셨습니다.

아도니스 저는 저의 언어와 함께 생활하는 한, 그리고 제가 엄청나게 높이 평가하는 저의 어머니의 언어를 계속 느낄 수 있는 한 망명자라고 생각하지 않습니다. 망명은 정치와 국적, 이데올로기와 관련된 용어입니다. 방금 언급한 국가들에서 저는 한 번도 망명자라고 느껴본 적이 없습니다. 반대로 저는 저의 모국에서 망명자로 느낍니다. 최근에 시리아를 방문할 때마다 저는 시리아가 다른 사회와 별 차이가 없는 것을 목격하게 됩니다. 물론 시리아에서만 느낄 수 있는 특별한 것들이 있지요. 예를 들어 태양이라든가, 바다, 가족, 친구들 등입니다. 하지만 시리아는 저에게 정치적으로, 문화적으로 다른 나라들과 하등의 차이가 없는 나라가 되어버렸습니다. 따라서 제가 가장 중요하게 생각하는 문제는 어떻게 저의 언어를 통해 저 자신을 더 잘 이해할 수 있는가 하는 것입니다. 저의 언어가 곧 저의 조국이고, 제가 처한 환경이며, 저의 공간입니다. 언어야말로 제가 뿌리를 내리고 있는 장소입니다.

후리아 뿌리가 곧 언어라는 말씀이군요. 선생님은 라캉이 말했던 '라랑그lalangue'를 시적으로 탁월하게 정의하셨습니다.

아도니스 저는 언어에 의해 규정되는 존재입니다. 그리고 저는 언어가 단지 단어의 조합일 뿐이라고는 생각하지 않습니다. 언어는 신화의 다른 특성에 속합니다. 라캉의 이론에 의거해 신화의 변형인 '모톨로기motologie(언어 신화)'라는 단어를 만들어낼 수 있습니다.

후리아 마흐무드 다르위시도 "나의 존재는 언어를 통해 규정된다"라고 말했습니다. 다르위시는 고향의 땅과 나무, 우물, 마을 등 모든 것을 잃어버렸습니다. 그에게 남은 것이라고는 이러한 상실과 상처를 표현할 수 있는 언어뿐이었지요.

아도니스 어떤 의미에서는 그렇다고 볼 수 있습니다. 하지만 다르위시는 그의 언어와 고향의 땅을 분리하지 않습니다. 그에게 언어와 땅은 상당히 밀접한 관계가 있습니다. 땅은 사건과 연결되기 때문입니다.

후리아 그것은 국가주의적인 의미가 아니라 민중의 해방과 관련된 문제겠지요.

아도니스 맞습니다.

후리아 제가 이렇게 정리할 수 있을까요? 선생님은 국가주의 문제에 집중하지 않으셨기 때문에 좀 더 포괄적인 문제를 다룰 수 있으셨던 것 같습니다.

아도니스 젊었을 때는 저도 이데올로기에 관심을 가졌고 적극적으로 정치 문제에 참여했습니다. 그런데 현재 저는 아마도 제가 마흐무드 다르위시보다 먼저 태어났기 때문에 이데올로기 문제에 초월할 수 있었다고 생각합니다. 제가 관심을 가진 주제는 인간에 대한 질문과 우주 자체에 대한 고민이었습니다. 자유에 대해 논의할 때 우리는 자유의 정치적 차원과 민족주의적 차원을 함께 다루어야 합니다. 즉, 제가 말하는 자유는 사회적 혹은 역사적 자유이지 여행이나 사랑 등을 할 수 있는 자유의 문제가 아닙니다. 저는 한 인간이 어디엔가에서 자유롭지 못하다면 인류 전체가 자유롭지 못한 것이라고 말하고 싶습니다. 즉, 팔레스타인 사람들이 감옥에 갇혀 있거나 자유를 박탈당했다면 프랑스인들도 아주 깊은 의미에서 자유롭지 못하다는 뜻입니다. 자유는 인간의 기본 권리이기 때문에 인간은 다른 인간의 자유에 책임감을 느껴야 합니다.

후리아 망명 생활에 아주 섬세한 의미를 부여하시는군요. 이를 바탕으로 저는 이슬람과 망명이라는 문제에 대해 다시 한번 질문하고 싶습니다. 프로이트는『인간 모세와 유일신교』에서 종교의 설립과 이방인은 불가분의 관계라고 주장했습니다. 아랍 작가들은 이슬람이 망명으로부터 시작되었다고 단순하게 정리하고 있습니다.

아도니스 이슬람 내에서 진정한 의미의 망명은 존재하지 않습니다. 메카에서 메디나로의 이전은 망명이 아닙니다. 메디나로 이전한 것은 동일한 언어와 동일한 전통을 가진 공간에서 발생한 사건입니다. 혼돈은 결코 없었습니다. 메디나로 이전한 것은 '망명'이라는 단어가 가지고 있는 고귀함과 전혀 관계가 없습니다. 단순히 장소 이동을 하거나 적들을 피해 달아나다가 다른 부족에게 수용된 것은 망명이라고 말할 수 없습니다.

후리아 그러니까 메디나로의 이전은 이방인들과 접촉한 것이 아니었다는 말씀이시군요. 타바리는 초기 무슬림들이 여러 가지 사건의 연대기를 기록할 방법을 찾다가 메카 주민들이 메디나에 도착한 날을 기준으로 삼아 기록을 남기기 시작했다고 설명했습니다. 그러니까 아주 실제적인 이유에서 이러한 기록이 시작된 것이지요.

아도니스 물론입니다. 게다가 꾸라이시족은 공간 이동을 통해 더 큰 세력을 얻게 되었습니다. 우리는 초기 무슬림들이 이주의 형태든, 망명의 형태든 결국은 정복하기 위해 이동했다고 보아야 합니다. 이동은 결국 정복하고 지배하려는 의도로 계획된 것입니다. 망명은 분열과 극복, 고통과 급진적 전환을 동반합니다. 하지만 초기 무슬림들은 공간 이동을 통해 그들의 권력과 세력을 더 확장하게 되었습니다.

후리아 선생님은 아부 탐맘Abū Tammām의 시를 자주 인용하십니다. 그는 "망명을 통해 당신은 다시 태어납니다" 또는 "새롭게 태어나기 위해 망명하십시오"라고 했습니다.

아도니스 망명은 정치적 차원을 초월합니다. 망명은 지극히 인간적인 것에 대한 경험입니다.

후리아 탐맘의 시에 구르바ghurba라는 단어가 등장합니다. 구르바는 이방인이 된다는 의미입니다. 이 단어에는 약자가 된 소외감과 고향에 대한 향수와 고난 등의 의미가 내포되어 있습니다.

아도니스 아주 정확하게 말씀하셨습니다. 모든 상황을 고려해볼 때 메카에서 메디나로 이동한 것은 오히려 권력을 확장하기 위한 침략입니다.

폭력과 이슬람

후리아　당시 안사르족이 지배하던 메디나에 꾸라이시족이 왔고, 꾸라이시족은 메디나에서 엄청난 성공을 거두게 됩니다. 그렇다면 우리는 안사르족이 진정한 망명자라고 말할 수 있을까요?

아도니스　맞습니다. 안사르족은 이슬람의 형성과 계시자를 위해 아무런 역할도 하지 못했다는 모함을 받으며 배척당했습니다. 그런데 사실 그들은 꾸라이시족을 환영하고 그들에게 따뜻한 마음으로 숙소와 음식을 제공했습니다. 즉, 그들은 무함마드 무리에게 거처를 제공하고 메카에 거주하는 사람들로부터 무함마드를 보호했습니다. 하지만 그들이 받은 보상은 철저한 배척이었습니다. 꾸라이시족은 안사르족의 존재를 완전히 무시하면서 권력 쟁취에 혈안이 되었습니다. 우마르는 "예언은 바누 하심Banū Hāshim[10]의 손 안에 놓여 있다an-nubuwwa fī banī Hāshim"라고 선언했으며, 칼리파 국가는 바누 하심 이외의 다른 꾸라이시족이 다스려야 한다고 말했습니다. 즉, 이는 부족 내의 분배를 뜻합니다. 꾸라이시족의 일부 계층은 계시를 독점하고, 나머지는 권력을 독점합니다. 결국 꾸라이시족이 모든 것을 독점했습니다. 안사르족은 패배자였을 뿐입니다.

후리아　안사르족이 고국 땅에서 망명자가 되어버렸다는 말씀이시죠.

아도니스　그들은 어쨌든 철저하게 배척당했습니다.

10　무함마드의 가족.

후리아   꾸라이시족은 도망간 도시에서 따뜻한 환영을 받았고, 그들의 언어를 그대로 사용하면서 권력에 대한 집착을 계속 고수했기 때문에 절대로 망명자였다고 볼 수 없다는 뜻인 것 같습니다. 망명은 타인에 대한 수용과 혼혈을 전제로 하지만 다른 한편으로 파괴자로 군림할 개연성도 배제하지 않습니다.

아도니스   망명이라는 의미에는 주체 의식과 문화적 측면이 모두 포함되어 있습니다. 문화가 없는 야만적 인간은 망명이 무엇인지 느끼지도 못하며 이해하지도 못합니다.

후리아   하지만 문화적 주체성이 없는 인간도 자신의 고향에서 추방당하고 자신의 언어를 빼앗김으로써 고통받을 수 있습니다.

아도니스   망명은 부모와 친구들과 자신이 살던 집과 멀어진다는 사실에 국한되지 않습니다. 저는 망명에 대한 절대적인 정의를 내릴 수 없다고 생각합니다. 망명은 삶 전체와 문화적·언어적 경험과 관련된 것이며, 또한 타인과의 관계에 관한 문제입니다. 우리는 망명을 보편화할 수 없습니다. 개개인은 모두 독특한 망명 경험을 하게 됩니다. 어떤 사람은 자신이 태어난 환경에서 멀어지는 것을 좋아하며 일부러 망명하기도 합니다. 또 어떤 이는 모국어를 혐오하면서 다른 언어에 매달리기도 합니다. 그런데 이들 중에 전혀 선택의 기회를 가지지 못하는 사람들도 있습니다. 이러한 경우가 바로 억압적이며 강요된 망명에 해당합니다.

후리아   『북녘으로의 망명 시기에Mawsim al-hijra ilā ash-shamāl』[11]라

는 책에서 수단 망명자는 유럽인들이 아랍인들에 대해 가지고 있는 이미지 때문에 방황하는 모습을 보여줍니다. 고향으로 돌아온 수단 망명자는 자신의 의자에 앉아서 압델케비르 카티비Abdelkébir Khatibi가 했던 말을 떠올립니다. "고향으로 돌아온다는 것은 환영에 지나지 않는다. 우리는 결코 자신이 속했던 곳으로 다시 돌아갈 수 없다. 우리는 자신의 그림자 안으로 돌아갈 뿐이다."[12]

아도니스 망명에 대한 절대적인 정의는 없습니다. 앞의 경우처럼 망명은 개개인의 상황에 따라 구체적으로 정의되어야 합니다. 저는 개인적으로 우정과 사랑, 그리고 타인들이 존재하는 한 절대로 망명자라고 생각하지 않습니다. 또한 창작력이 소멸되지 않는 한 저에게 망명은 없습니다.

후리아 저는 선생님에게서 한 번도 망명자의 애수를 느낀 적이 없습니다. 하지만 고향 땅에 대한 감성적인 향수는 가지고 계신 것 같습니다. 예를 들어 선생님은 특정한 요리에 뿌리는 올리브유를 고르실 때라든지 커피를 마실 때, 치즈를 고를 때 항상 향토 산물을 선택하십니다. 다시 말해 선생님은 직접적인 감각을 자극하는 물건을 고르면서 고향 생각을 하시는 것 같습니다.

---

11 Tayeb Salih, *Saison de la migration vers le Nord*, Beyrouth, Dār al-'Awdat, 1969; Abdelwahab Meddeb & Fady Noun 옮김, Paris, Sindbad, 1983.

12 Abdelkébir Khatibi, *La Mémoire tatouée,* Paris, Denoël, 1971.

아도니스 그것은 제가 이미 알고 있는 것에 대한 느낌입니다. 즉, 육체적 습관이라고 할 수 있지요. 더 정확하게 말하자면 저는 이렇게 표현하고 싶습니다. 저는 제가 처음으로 걸음마를 배웠던 바로 그 장소로 돌아가고 싶은 바람을 항상 가지고 있습니다.

8

알키탑의 저편에

66 진정한 역사는 정복당한 자들의 역사입니다. 추방
당하고, 처벌받고, 소외된 사람들의 이야기야말로 우리의
시와 상상력, 철학을 구성하는 요소입니다. 이들이야말로
문화의 독특한 분위기를 형성하는 사람들입니다. 99

후리아 『알키탑』을 통해 선생님이 어떻게 소설가로서, 시인으로서 사회문제에 참여하시는지 알 수 있습니다. 역사는 보통 정복자의 관점으로 쓰여집니다. 그런데 선생님은 다른 역사, 즉 반란자들의 역사를 서술하셨습니다. 역사에서 몰살당했던 사람들의 이야기를 다시 부각했고, 사라진 자들에게 이름을 지어주고, 그들의 목소리를 되살리셨습니다. 자닌 알투니앙Janine Altounian의 표현을 빌리자면 선생님은 억압받았던 자들이 더는 고통받으며 방황하지 않게 하기 위해 그들에게 '수의'를 입혀주신 것입니다.

아도니스 진정한 역사는 정복당한 자들의 역사입니다. 추방당하고, 처벌받고, 소외된 사람들의 이야기야말로 우리의 시와 상상력, 철학을 구성하는 요소입니다. 이들이야말로 문화의 독특한 분위기를 형성하는 사람들입니다.

후리아 『알키탑』은 새로운 문학 장르에 속합니다. 하지만 무엇보다도 역사를 새롭게 쓰고 새롭게 읽는다는 의미에서 새로운 담론이라고 할 수 있습니다. 최초의 시도인 것이죠.

아도니스 아랍 역사 서술 방법에 있어서 최초의 시도라고 볼 수 있습니다.

후리아 그리고 선생님의 분석도 상당히 독특하지만 역사적 사건들을 계속 반복해서 상세하게 서술하는 방법도 상당히 흥미롭다고 생각됩니다. 선생님은 개인의 이름과 장소, 그리고 라위야rāwiya(이야기꾼)의 단어들을 계속 반복함으로써 기억 속에 갇혀 있거나 침전되어 있던 것들을 회상하게 하셨습니다. 우리가 의식적으로 역사적 사건들에 천천히 다가가도록 계속 반복하는 것이지요. 이를 통해 독자들은 역사적 사건들을 진정으로 이해하게 됩니다.

아도니스　저는 이와 같은 방식을 시, 에세이 등 모든 글쓰기 작업에 적용하고 있습니다. 저는 기억 속에 묻힌 역사의 장막을 걷고 싶었고, 왜곡되고 감추어진 역사가 분명히 존재하며 이러한 역사는 이제 대중에게 알려져야 한다고 말하고 싶었습니다. 많은 역사적 사건은 다시 빛을 보아야 하며, 많은 사실이 다시 회자되어야 합니다. 저의 생각은 확실합니다. 저는 과거를 대하는 관점이 변하지 않고는 새로운 역사를 서술하는 것이 불가능하다고 생각합니다. 우리는 우리의 과거를 재검토하면서 새로운 세계관을 통해 분석해야 합니다. 그런데 아랍 세계는 이러한 역사 쓰기를 거부했습니다. 만약 이러한 새로운 역사 쓰기가 관철되지 않는다면 우리의 역사는 사라질 것입니다.

후리아　『알키탑』에는 혁명적인 성격이 있습니다. 단지 기존의 종교적 담론을 비판하기 때문만이 아니라, 지금까지 우리를 지배하고 있는 담론들을 완전히 해체하기 때문입니다. 『알키탑』은 또한 지금까지의 서술 방식도 완전히 해체하고 있기 때문에 혁명적이라고 평가할 수 있습니다. 선생님은 이 책에서 지옥에 대한 종교적 개념을 비판했는데, 이를 통해 선생님은 역사와 존재에 대한 근본적인 문제까지 건드리셨습니다. 저는 선생님이 레바논에서 가져다주신 작품들을 읽으면서 다음과 같은 질문을 하지 않을 수 없었습니다. 어떻게 오늘날과 같은 대재앙 시기에 위대한 문학 작품이 탄생하지 않을 수 있는가? 이는 쇼크 때문에 재앙에 대해 생각할 여유가 없기 때문이거나, 아랍인들은 그들의 부모와의 갈등, 그리고 종교적 담론 속에 나타나는 모든 성인들과의 갈등에 너무 시달린 나머지 문학 작품을 생산해낼 정신적 여유가 전혀 없기 때문이라고 생각합니다.

아도니스 두 가지 이유가 모두 타당하다고 생각합니다. 이 두 가지 요소를 통해 아랍 문화의 현재 상황을 설명할 수 있습니다. 저는 이러한 이유 때문에 현재 아랍 문화에 대한 정신분석이 중요하다고 반복해서 말하고 있는 것입니다. 아랍 문화는 정신분석가들에게 거대한 연구 대상입니다.

후리아 앞 세대는 마르크스에게 매달렸지만, 우리 세대에게는 오히려 프로이트가 더 필요하다고 생각합니다. 따라서 저는 왜 아직도 아랍 세계의 지식층이 프로이트를 거부하는지 이해할 수 있을 것 같습니다.

아도니스 정신분석은 본질적으로 반종교적입니다. 정신분석은 탐구를 기본으로 하며 주체성을 무엇보다도 중요하게 생각합니다.

후리아 선생님께서는 『알키탑의 저편에』를 쓰기 시작했다고 제게 말씀하셨습니다.

아도니스 『알키탑의 저편에』는 저의 유작이 될 것입니다. 시적으로 쓰는 유작입니다.

후리아 왜 『알키탑의 저편에』인가요?

아도니스 어떻게 제 작품을 설명해야 할지 모르겠습니다. 사실 저는 제 작품에 대해 이야기하는 것을 좋아하지 않습니다. 어쨌든『고정적인 것과 유동적인 것』을 저술한 후 우리가 가지고 있는 문헌들을 새로운 관점으로 읽는 방법을 고안하려고 노력해왔습니다. 또한 연구자들과 일반 독자들에게 비판적인 시각을 심어주기 위해 매진했습니다. 그 과정에서 우리의 전체 역사가 완전히 왜곡되고 위조되었다는 사실을 발견했으며, 위대한 아랍 문명을 건설한 주인공들은 추방당하고, 처벌받고, 배척당하고, 감옥에 갇히고, 심지어 십자가형에 처해졌다는 사실도 발견했습니다. 따라서 아랍 문명을 새로운 시각과 새로운 인문학적 관점에서 다르게 읽어야 하고 다르게 검토해야 합니다.

후리아 미셸 드 세르토의 표현을 빌리자면 선생님은 우리에게 신화적 역사에서 벗어나서 우리가 직접 재구성하는 역사 속으로 들어가야 한다고 말씀하고 계신 거지요. 프로이트가 말한 것처럼 우리는 용감하게 '종교가 지배하는 동화의 세계'에서 벗어나야만 합니다.

아도니스 프로이트는 대단히 용감한 혁신가였습니다. 거짓말과 위조와 왜곡으로 가득 찬 역사를 다시 검토하기 위해서는 엄청난 용기와 솔직함이 필요합니다.

후리아 아도니스 선생님! 선생님은 기념비적인 작품을 저술했고, 많은 사람에게 존경을 받고, 세계적으로 명성을 인정받고 있습니다. 그리고 선생님은 오르페우스를 특별하게 생각하는 분입니다. 그런데 오르페우스는 에우리디케를 잃어버렸습니다. 선생님이 잃어버린 것

　　　　　　　　　　　　　　　　　　　폭력과 이슬람

은 무엇입니까?

아도니스 그 질문은 곧 다음 질문으로 연결됩니다. 과연 오르페우스가 지옥으로 내려간 것이 단지 에우리디케를 보기 위해서였을까요?

후리아 우리는 신화의 다양한 면을 발견해야 하며 또한 신화에 대한 고민을 중단해서는 안 됩니다. 선생님이 말씀하신 것처럼 신화는 고정된 답을 제시하지 않는 영원한 질문을 우리에게 던져줍니다. 그런데 선생님은 도대체 무엇을 잃어버리셨지요? 저는 정신분석가로서 선생님의 첫 번째 상실에 대해 생각해보았습니다. 어머니의 죽음이 선생님의 첫 번째 상실이라고 볼 수 있을까요? 이러한 해석은 너무 식상한가요?

아도니스 살아 있는 어머니와 내 옆에 계시는 어머니, 그리고 상징이나 아이디어 또는 상상으로서의 어머니는 분명히 구분해야 합니다. 저는 육체의 어머니, 즉 제 옆에 계신 어머니는 잃어버렸습니다. 그렇지만 저는 대신 상징과 상상으로 변환된 어머니의 존재를 얻었습니다. 어머니는 그 어느 때보다 저에게 현실적으로 가깝게 느껴집니다.

후리아 이렇게 상상으로 변환된 어머니의 존재가 항상 선생님 곁에 계신다고 생각하시는군요. 선생님은 어머니의 눈물을 눈물의 중개자로 표현하셨지요. 제가 앞에서 이미 말씀드렸듯이 저는 선생님에게서 한 번도 우울한 기운을 느낀 적이 없습니다. 오히려 그 반대로 선생님은 아무 가치 없는 나뭇조각이나 돌멩이, 또는 어머니의 눈물을 시적으로 승화시키셨습니다.

아도니스　저는 상실감 때문에 우울해지지는 않습니다. 하지만 '나는 과연 누구인가?'라는 질문과 이에 대한 명상이 중단된다면 우울할 것 같습니다. '나는 과연 누구인가?'라는 질문은 제 인생에서 가장 중요한 질문입니다. 이 질문은 제 삶의 현존에 관련된 문제입니다. 내 삶은 어떻게 해서 이렇게 전개되었을까? 우연한 사건들이 내 삶에서 어떤 역할을 했을까? 솔직히 말씀드리자면 제 인생은 놀라움과 우연의 연속이었습니다. 어떤 특별한 힘이 제 인생을 이끌어왔습니다. 그런데 현재 저에게 상실감을 주는 것은 바로 제가 노화하고 있다는 사실입니다. 저는 나이 드는 것을 다른 식으로 해석하는 데 실패했습니다.

후리아　저는 선생님의 전 작품을 통해 드러나는 선생님의 창조적 역동성을 이끄는 힘이 무엇인지에 항상 의문을 품어왔습니다. 선생님의 창조성을 추동하는 힘은 무엇이라고 생각하십니까?

아도니스　아버지와 많은 친구를 잃은 것이 제 작품의 추동력이었습니다. 그런데 실제로 제가 절실하게 느끼는 상실감은 제가 늙어간다는 사실입니다. 제가 꿈꾸어왔던 것을 더는 실현할 수 없다는 현실에 대한 상실감이 저를 가장 힘들게 합니다.

후리아　그렇다면 이것은 이룰 수 없는 것에 대한 상실인가요?

아도니스　맞습니다. 그것은 이루지 못한 꿈이나 실현 가능한 것을 이루지 못한 것에 대한 상실입니다.

후리아　아직 완성되지 않은 작품에 대해서 말씀하시는 것인가요?

아도니스　일반적으로 완성되지 못하는 것들을 이야기하는 것입니다. 사실 이 세상에서 상실할 것은 하나도 없습니다. 상실이라는 개념에 사회학적·정치적 의미를 두어서는 안 됩니다. 맞습니다, 저는 제 고향을 잃어버렸고, 저의 고향집과 이미 작고한 친구들을 잃어버렸습니다. 하지만 이 모든 것은 진정한 상실이 아닙니다. 시적으로 표현한다면, 이 세상에는 '상실'이라고 이름 붙일 만한 그 어떠한 것도 존재하지 않기 때문입니다. 인간은 세상에 던져지면서 이미 상실된 존재입니다. 가장 중요한 상실은 제 자신입니다. 저는 제가 요구하지도 않았는데 세상에 던져졌기 때문입니다. 저에게 선택의 여지는 전혀 없었습니다.

후리아 제 직업이 정신분석가이기 때문에 저는 예를 들어 어머니의 젖가슴에 대한 상실을 떠올리게 됩니다. 하지만 선생님은 상실자체를 객관화할 수 없다고 말씀하시는 것 같습니다.

아도니스 어머니의 젖가슴을 떠나는 것은 상실이 아닙니다. 어머니의 품을 떠나는 것은 그 반대로 개인의 발전을 위한 발판이라고 생각합니다. 저는 시인으로서 정신분석가들의 이와 같은 해석을 거부할 수 있습니다.

후리아 옳으신 말씀입니다. 시인들은 항상 분석가들을 앞지릅니다. 어머니의 품에서 분리되지 못한다는 것은 정신적 재앙을 의미합니다. 그렇다면 선생님의 말씀을 이렇게 이해할 수 있을까요? 인간이 실제로 경험하는 것을 절대 언어로 표현할 수 없다는 사실이 바로 상실이다.

아도니스 드디어 제 말을 이해하신 것 같습니다. 언어의 무능함이나 인간의 무능함 때문에 사물의 실체를 파악하는 것이 불가능하다고 생각합니다. 제가 종교나 이데올로기를 거부하는 것은 이들이 절대적 진실을 제공한다고 주장하기 때문입니다. 종교나 이데올로기는 모두 결함이 있습니다. 상실이 아니라 결함입니다. 결함은 모든 것에 내재되어 있습니다.

후리아 진실한 본질은 바로 실체 내에 있다. 그런데 언어를 통해 이러한 본질의 파악은 불가능하다. 이런 뜻인가요?

아도니스 아주 잘 요약하셨습니다. 종교는 위에서 말씀하신 내용과 완전히 반대되는 사실을 주장합니다. 종교의 언어가 결정적으로 사물의 본질을 정의합니다. 이러한 이유 때문에 이슬람은 언어를 제약하고 있습니다. 이슬람 이전에 사용된 언어는 아름답고 자유로운 언어였습니다. 이슬람은 언어의 범위와 영역, 그리고 언어의 한계를 제한해버렸습니다. 단어 하나로 어떠한 사실을 절대적으로 규정할 수는 없습니다. 저는 이것을 모욕이라고 생각합니다.

후리아 카티비가 말했던 것처럼 이것은 '고유명사 자체에 대한 모욕'이라고 말할 수 있을까요?

아도니스 그보다는 세상 자체에 대한 모욕입니다.

후리아 일신교 경전과 이러한 경전을 무비판적으로 읽는 것에 대한 선생님의 비판을 더 잘 이해하게 된 것 같습니다. 실제로 선생님은 종교의 가르침 외에도 언어의 영향력도 거부하시는군요.

아도니스   종교는 언어의 전능성을 찬양하면서 우리를 계속 속이고 있습니다. 이는 인류에 대한 배반입니다.

후리아   선생님은 『고정적인 것과 유동적인 것』 이후로 계속 언어의 절대성에 대해 비판하셨습니다.

아도니스   반복해 이야기하자면, 시는 신화처럼 질문을 던지는 것입니다. 반대로 종교는 해답을 제시할 뿐입니다.

후리아   종교의 해답은 질문에 비극적인 대답을 제시할 뿐입니다.

9

어떻게 결론을 내릴 것인가

“ 현재의 상황이 상당히 혼란스러운 것은 사실입니다. 젊은 세대는 아랍의 지배적인 질서와 완전히 결별하고 새로운 해방 공간을 개척할 수 있다고 생각합니다. 젊은 세대는 아마도 새로운 역사와 새로운 세계를 창조할 수 있을 것입니다. 바로 이런 맥락에서 우리는 희망을 거론할 수 있습니다. ”

후리아 남아프리카공화국 작가 앨런 페이턴Alan Paton의 소설 제목이 갑자기 생각납니다. 『울어라, 사랑하는 조국이여Cry, The Beloved Country』는 1948년 작입니다. 그 후 아파르트헤이트는 폐지되었습니다. 저는 우리에게도 아직 희망이 있다고 생각합니다.

아도니스 2011년 이후 아랍 국가에서 발생한 사건들은 인류의 문명을 거스르고 미개한 상태로 회귀하는 양태를 보여주었습니다. 도둑질하거나 다른 생각을 한다는 이유로 사람을 살해하는 일들이 자행되고 있습니다. 또는 수니파에 속하지 않거나 다른 종교적 이념을 추구한다는 이유로 살해하기도 합니다. 이와 같은 사건들은 인류가 얼마나 혐오스러운 존재인지를 증명합니다. 이러한 사건들과 이러한 사건들에 대한 무슬림의 침묵은 무슬림들이 어떤 생각을 하는지 분명히 보여줍니다. 제가 이미 언급했듯이, 무슬림들은 이슬람이 유일하고 참된 종교이며, 그들의 신이 직접 선택한 완결된 종교라고 생각합니다. 무슬림들은 이슬람 없는 삶은 불가능하다고 믿고 있습니다. 하지만 어떻게 이슬람이 없는 세상이 전혀 의미가 없다고 생각할 수 있을까요?

후리아 오늘날 우리가 경험하는 사건들은 과거에 일어난 사건에 대해 질문하게 합니다. 하지만 저는 미래 세대를 위해 희망을 버리지 않고 싶습니다. 그리고 이 책이 그러한 희망을 간직하는 데 기여했다고 생각합니다.

아도니스 선생님께서 희망을 버릴 이유는 없지요. 하지만 다음과 같은 질문을 하지 않을 수 없습니다. 과연 아랍은 현재 이슬람에서 분리되어 스스로를 해방시킬 수 있을까요? 그리고 아랍 언어는 꾸란에서 해방될 수 있을까요? 이슬람을 차별 없이 인간의 평등을 주창하는 종교라고 새롭게 해석할 수 있을까요? 이슬람만이 유일하고 참된 종교가 아니라는 사실을 받아들일 수 있을까요? 지배 권력에 의해 강요된 진실은 인간의 의식과 생활양식 자체를 파괴합니다. 따라서 표현의 자유가 없는 사회는 인간적인 사회라고 볼 수 없습니다. 인간이 인간적일 수 있는 것은 자유와 지식, 인식에 대한 권리가 있기 때문입니다. 인간에게서 이러한 권리들을 빼앗는 것은 인간성 자체를 탈취하는 것과 다름없습니다.

후리아 여러 작가가 우리 문화의 본질에 문제를 제기하기 시작했습니다.

아도니스 연대기 작가들이 쓴 역사는 전설 모음집에 불과하고, 사유와 과학이 결핍된 이야기일 뿐입니다. 실제로 일부 작가가 문제를 제기하기 시작했습니다. 이제까지 아랍 세계에서 다루어지지 않던 주제와 문제를 검토하면서 좀 더 급진적으로, 그리고 자유롭게 다루어야 합니다. 아미르 압드 엘카데르의 작품들은 자국에서조차 알려지지 못했다고 말씀하셨지요. 그렇다면 다음과 같은 질문을 해야 합니다. 왜 현재 아랍 문화에서 신비주의 사상과 영성이 사라져버렸는가? 이 질문은 아랍 문화를 진정으로 이해하고 싶어 하는 사람들에게 아주 중요한 질문입니다.

후리아 이슬람이 형성될 수 있도록 한 여러 요소를 검토하는 것이 중요하다고 생각합니다. 우리는 IS의 등장으로 우리가 이제까지 무시해왔고 완전히 다른 것으로 포장되고 변형되어버린 우리의 근원에 대해 다시 생각하게 되었습니다.

아도니스 저는 IS가 이슬람의 마지막 비명이기를 바랍니다. 꺼지기 바로 직전에 마지막으로 강렬하게 타들어 가는 촛불처럼 말입니다. 현재 아랍 세계는 꺼지기 직전의 촛불처럼 서로를 짓밟는 참사를 겪고 있습니다. 참수형을 자행하고 서로를 몰살하고, 서로에게 모욕을 가하고 있습니다. IS는 시아파와 야지디파, 그리고 수니파를 모두 몰살하고 있습니다. 이는 오욕의 역사입니다. 저는 우리가 아랍 역사라고 부르는 것에 대해 더 말하고 싶지 않습니다. 시 분야 외에는 아랍에 대해 더 이야기할 수가 없습니다. 아랍인들은 국가 성립에 실패했고, 시민권 형성에도 실패했습니다. 저는 아랍인들의 역사가 어떻게 이렇게 전개되었는지 도저히 이해할 수 없습니다. 하지만 저는 아랍인들이 지난 15세기 동안 해왔던 것처럼 계속 같은 방식으로 살아가는 것은 불가능하다고 생각합니다. 인류와 문명 모두가 언젠가 사라질 것이라는 사실을 명심해야 합니다. 아랍의 움마 공동체는 인류 문명의 그 어떤 분야에도 기여하지 못했습니다. 아랍인들은 세계 역사에 참여하고 있지 않습니다. 그들은 이미 사망한 공동체입니다.

후리아 이 모든 절망적 상황에도 불구하고 희미한 희망을 간직할 수 있을까요? 프리드리히 니체Friedrich Wilhelm Nietzsche는 다음과 같이 말했습니다. "춤추는 별을 탄생시키기 위해서 우리는 우리 내부에

혼란을 계속 품고 있어야 한다." 현재의 혼란이 아마도 우리가 우리의 역사에 대해 재고할 기회를 제공하리라 생각합니다.

아도니스 현재의 상황이 상당히 혼란스러운 것은 사실입니다. 젊은 세대는 아랍의 지배적인 질서와 완전히 결별하고 새로운 해방 공간을 개척할 수 있다고 생각합니다. 젊은 세대는 아마도 새로운 역사와 새로운 세계를 창조할 수 있을 것입니다. 바로 이런 맥락에서 우리는 희망을 거론할 수 있습니다. 즉, 아랍의 과거와 결별하지 않는다면 그 어떠한 희망도 가질 수 없습니다. 창조성으로 가득 찼던 개인이 과거에도 존재했듯이 미래에도 세상의 변혁과 이슬람의 변혁을 일으킬 사람들은 항상 있을 것입니다. 가능성은 충분합니다. 하지만 이러한 변혁은 과거의 연장선상에서가 아니라 과거와 완전히 결별함으로써만 가능합니다.

후리아 어쨌든 아랍인들은 과거와 결별하느냐 마느냐를 결정해야 할 운명에 처해 있습니다. 이 이상으로 이 문제를 피한다는 것은 불가능한 것 같습니다.

아도니스 무슬림 개개인은 이제 이슬람 공동체를 움직이는 거대한 기계의 부속품으로 이용될 수 없다는 사실을 깨달아야 합니다. 다행스럽게도 아랍 사회에서 무신론자가 될 수 있는 권리와 종교를 거부할 수 있는 권리를 주장하는 운동이 시작되었습니다.

후리아 모로코의 젊은이들은 라마단을 더는 준수하지 않겠다는 시위를 벌이고 있습니다. 지금까지 라마단을 준수하지 않는 사람은

폭력과 이슬람

감옥형을 받았습니다. 그런데 IS의 등장으로 우리는 마침내 우리의 과거와 근원을 새로운 시각으로 바라보게 된 것 같습니다.

아도니스 현재 IS로 인해 야기되고 있는 재앙적 상황은 오히려 새로운 의식이 생성되도록 촉진했습니다. 하지만 그 대가는 아주 혹독하다고 보아야 합니다.

후리아 방금 '촉진했다'라고 말씀하셨는데 저는 이 말을 들으면서 보리스 비앙Boris Vian을 생각하게 됩니다. 비앙은 "나에게 시간이 남아 있기를 바랄 뿐이다"라고 말했습니다. 아주 슬픈 현실이지요. 제 부모님이 저를 학교에 등록시키셨을 때만 해도 미래는 더 나아질 것이라는 희망이 있었습니다. 하지만 우리는 과거의 뒤틀어진 관점을 그대로 간직하면서 미래를 향해 계속 전진했습니다. 이는 마치 이전 세대들은 낙타에 대해 말하고, 루사피는 이전 세대들과 똑같은 관점에서 기관차에 대해 말하는 것과 다름없습니다. 저는 학문이 우리를 해방시키는 대신 저 자신의 분열을 더 심화시키고 있다고 느낍니다.

아도니스 그렇기 때문에 우리 문화는 진정한 의미에서의 비판적 태도가 필요합니다. 인류 역사상 이러한 퇴보는 한 번도 없었습니다. 아랍 사회는 풍부한 천연자원을 가지고 있지만, 이 사회에 거주하는 사람들은 끔찍한 환경에 처해 있습니다. 물론 위엄을 잃지 않으면서 소멸하는 민족들이 있기도 합니다. 하지만 아랍 사회의 소멸은 굴욕적이 될 것입니다. 이슬람은 무슬림들이 그들의 필요에 따라 마음대로 드나드는 곳간으로 전락했습니다. 변혁은 모든 분야에서 일어나야 합니다.

후리아 한편에는 꾸란을 통해 신성화된 폭력이 있고, 다른 한편에는 아랍 좌파를 분열시키는 데 중요한 역할을 했던 서구의 제도화된 폭력이 있습니다.

아도니스 이는 현재 아랍인들이 지난 몇 세기 동안 자신을 억압했던 세력들과 굳건한 동맹을 맺고 있다는 또 하나의 증거입니다. 프랑스, 영국, 터키 등이 바로 아랍을 억압한 세력입니다. 아랍인들은 자신들을 희생양으로 삼은 장본인들과 밀월 관계를 맺고 있는 것이지요. 그리고 현재 불거지고 있는 시아파와 수니파 사이의 분쟁이 혼란을 더 가중시키고 있습니다. 모두가 서로 적이 되어버렸습니다. 아주 비상식적인 일이 일어나고 있는 것이지요. 그중 예멘은 가장 잔인한 공격을 받았습니다.

후리아 우리는 동족상잔과 역사적 기억에 대해 재검토해야 합니다. 예멘은 시바 여왕의 나라입니다. 그리고 메카는 경제적으로 아랍반도의 일부인 예멘에 의존하고 있었습니다.

아도니스 과거에 대한 기억은 아랍인에게 절대 치유되지 않는 상처이며 비극으로 남아 있습니다. 즉, 이러한 기억들은 문화적인 암흑으로, 인간적인 잔인함으로, 그리고 도덕적인 타락으로 남아 있습니다. 이는 감정적이자 정신적인 상처입니다.

후리아 압둘 라흐만 무니프Abdul Rahman Munif는 『빛의 여행Rihlatu daw'』[1]에서 새로운 글쓰기 문화가 정착되어야 한다고 주장합니다. 그

폭력과 이슬람

리고 새로운 글쓰기는 현시대 문제에 대한 개인의 주체적인 고민에서 시작되어야 한다고 말합니다. 무니프는 또 역사는 지나간 사건들의 집합이 아니라 좀 더 나은 미래를 위한 우리의 선택이며 도구라고 강조했습니다.

아도니스 현재 아랍 사회는 미셸 드 세르토가 이미 언급했듯이, '부패한' 기관들에 의해 자행되는 폭력과 고문의 집합체입니다. 그리고 현재 아랍의 무슬림들은 자유롭고 교양 있는 인간으로서가 아니라 '그룹', '공동체', '종파', 또는 '부족'이라고 불리는 집단의 일개 부속품에 지나지 않거나 수치數值로만 환산되어 살아가고 있습니다. 아랍 지식인들의 임무는 과거의 기억을 간직하는 것이 아니라 우리를 과거와 그 기억에서 해방시키는 것입니다.

후리아 과거에 대한 기억은 한 번도 비판의 대상이 된 적이 없으며 하나의 덩어리로서 간직되고 있습니다. 과거는 계명이나 시와 같은 언어를 통해 신성화되었으며, 세뇌와, 체벌, 가르침을 통해 각인되었습니다. 그런데 여러 통제 기제 중에서 심리학적 기구는 항상 은폐되어왔습니다. 따라서 심리학적 통제 기제를 밝히는 것이 과거의 기억들의 신성화에 종지부를 찍기 위한 핵심적인 역할을 한다고 볼 수 있습니다. 신성화 과정 자체가 폭력적이라고 규정할 수 있는데, 이는 신성화를 통해 기계적으로 전해 내려오는 유산들을 비신성화할 가능

1　Abdul Rahman Munif, *Riḥlatu ḍaw'*, Liban, 2008.

성이 완전히 배제되기 때문입니다.

　　아도니스　저는 언젠가 정신분석학적 분석을 통해서 이슬람의 근원으로 간주되는 신화적 기반이 무너지기를 바랍니다. 이 문제는 다음번 인터뷰에서 다루어보도록 하겠습니다.

마지막으로 드리는 말

본질주의에 대한 비판: 인간과 세계에 대한 이슬람 사상 안에 나타난
진보 개념

이슬람에 내재되어 있는 인간과 세계에 대한 사상은 다음의 세 가
지 요소로 구성됩니다.

첫째, 이슬람의 계시는 최후의 계시입니다. 그리고 진정한 예언
자는 이슬람 예언자 무함마드 한 사람뿐입니다. 무함마드는 "내 뒤로
더는 예언자가 없을 것이다"라고 직접 말했습니다.

둘째, 하늘과 땅, 인간에 대한 이슬람의 예언은 절대 부인할 수 없
는 참된 진실입니다. 이 예언을 부정할 수 있는 다른 진실은 존재하지
않습니다. 반면 이슬람 예언에 거스르지 않는 진실과 이슬람 예언이
용납하는 진실은 허용됩니다.

셋째, 인간은 꾸란의 내용을 변형하거나 대치할 수 없습니다. 인
간은 오로지 꾸란을 믿고, 꾸란에 복종하며, 꾸란에 따라 실천할 의무
만이 있습니다. 이러한 논리를 좀 더 확장시키면, 우리는 신의 계시가
완성되었다는 사실에 이르게 됩니다. 신은 그의 마지막 예언자에게

최후의 말씀을 계시하셨습니다. '이슬람만이 유일한 종교이다.' 우리는 이 문장을 다음과 같이 이해해야 합니다. '이슬람은 이슬람의 계명에 복종하는 종교 이외에 이슬람 이전에 존재한 모든 종교를 일소한다.' 이슬람은 자신에게 복종하지 않는 모든 종교를 배척합니다. 이슬람은 이슬람 이전에 있었던 종교와 동시에 이슬람 이후에 생겨난 모든 종교를 용납하지 않습니다. 이슬람은 이슬람 이전과 이후에 생겨난 종교들의 정당성을 판단하는 기준인 것입니다.

신에 의하면 모범적인 인간은 이슬람교에 복종하는 무슬림입니다. 이 논리를 통해 우리는 꾸란이 인간의 이성 자체를 지배한다는 사실을 깨달을 수 있습니다. 즉, 무슬림의 이성은 선행했던 모든 이성적 사고방식을 초월합니다. 무슬림의 이성은 꾸란에 의해 규정되기 때문에 이성적 판단과 기준은 꾸란 이전과 이후에 생겨난 모든 견해를 배척합니다.

이와 같은 논리에 따르면 인간의 본질은 이슬람의 계시에 의해 완전히 규정됩니다. 즉, 인간의 본질은 인간 자신으로가 아니라 신으로 규정됩니다. 인간의 본질은 문화와 경험, 그리고 삶으로가 아니라 꾸란으로 규정되고, 인간의 언어가 아니라 신의 언어로 규정됩니다.

본질과 존재의 관계에 대한 사르트르의 정의 "존재는 본질에 앞선다"를 빌려서 설명한다면, 이슬람의 정의는 사르트르의 정의에 완전히 반대된다는 사실을 확인할 수 있습니다. 이슬람의 정의에 의하면 본질이 존재를 앞서는데, 이는 신이 인간의 본질을 규정하기 때문입니다. 이슬람은 진정한 인간의 본질을 대변합니다. 이와 같은 의미에서 이슬람은 본질주의적이라고 볼 수 있습니다. 따라서 우리는 이슬람 사상 안에서 타자, 즉 비무슬림에게는 단지 두 가지의 선택이 있다는 결론을 내릴 수 있습니다. 첫째, 비무슬림이 불신자로 남을 경우 배척되거나 처형된다. 둘째, 이슬람 정권의 보호를 받기 원할 경우 세금을 바쳐야 한다.

만약 인간의 본질이 존재에 선행할 경우 이는 인간이 자신의 인격을 스스로 형성할 수 없다는 뜻으로 해석할 수 있습니다. 즉, 인간은 세계 질서에 어떠한 영향도 미칠 수 없습니다. 인간은 단지 예언자 자신과 그의 추종자들에 의해 이미 규정된 삶의 전형을 자신의 삶과 작품을 통해 모방하려고 노력하는 존재일 뿐입니다. 무슬림의 삶은 창조성이 아니라 모방과 반복으로 이루어집니다. 인간에게 자유는 허용되지 않으며 단지 반복할 수 있는 기회가 주어질 뿐입니다. 모든 창조적 생각은 이단으로 규정되며, 이단으로 규정된 인간은 지옥으로 떨어지게 되어 있습니다.

예를 들어 이맘 샤피이Shāfiʿī는 다음과 같이 말했습니다. "꾸란을 개인적으로 해석하는 사람은 비록 그가 옳다 할지라도 잘못을 저지르고 있는 것이다." 개인은 이 주제에 대해 개인적인 의견을 밝힐 권리가 없습니다. 오로지 공동체만이 의견을 표현할 수 있습니다. 하지만 사르트르는 인간의 본성은 자유에 근거를 두고 있기 때문에 인간은 본질적으로 자유롭다고 주장합니다. 그 반대로 이슬람 관점에서 본 인간은 본질적으로 모방자에 불과하며 전통을 존중해야만 하는 존재입니다. 인간에게는 그 어떠한 자유도 없습니다. 무슬림으로서의 본질을 가지고 있는 인간은 무슬림으로 살고, 생각하고, 행동하도록 강요받습니다. 인간은 이슬람 없이 인간으로서 존재할 수 없습니다. 무슬림이 된다는 것은 개인의 인성을 포기하고 공동체 안으로 흡수된다는 것을 의미합니다. 이슬람에서 주체성은 없습니다.

진보는 무엇보다도 계획을 세우는 것과 관련이 있습니다. 따라서 진보는 본질적으로 인간적이라고 할 수 있습니다. 인본주의 전통에 따르면 계획을 세우는 것이야말로 인간의 본질이며, 이러한 전통을 대변하는 현대의 거장이 바로 사르트르입니다. 계획을 세우는 것은 과거에서 벗어나 현재를 거쳐 미래를 향해 나아간다는 것을 의미합니다. 모든 계획은 미래에 대한 비전을 내포하며 좀 더 아름답고, 좀 더 인간적인 것을 추구합니다. 사르트르에 따르면 "인간은 미래를 향해 가는 운동체"입니다. 인간은 어떠한 구속, 특히 종교적 구속 없이 자신의 계획을 실현하면서 스스로 본질을 창조하는 존재입니다.

이슬람에서 변화는 과거에만 한정됩니다. 미래는 의미조차 없으며, 과거의 빛 안에서만 존재합니다. 다시 말해 과거가 바로 현재의 미래인 것입니다. 따라서 이슬람에서의 '진보'는 과거라는 이상향을 모방함으로써 실현됩니다. 과거야말로 진실의 보고입니다. 다르게 말하자면 진보를 이룬다는 것은 과거로부터 출발한 미래를 이슬람화한다는 뜻입니다. 결론적으로 이슬람 관점에서 본 진보는 전 세계의 이슬람화를 의미합니다.

그러므로 우리는 이슬람이 왜 권력과 불가피하게 연결될 수밖에 없는지 이해할 수 있습니다. 이슬람 내의 권력은 철저히 종교적이며, 시민적이고 세속적인 것과 전혀 상관없습니다. 이슬람은 현세의 삶을 완전히 종교화하기 위한 운동입니다. 예술적·과학적·인간적인 측면에서 발현되는 문화는 권력을 유지하기 위해 도구화되었습니다. 따라서 무슬림들은 아직까지도 원형 그대로 보존된 이슬람의 영향 아래서 살고 있다고 믿습니다. 무슬림들은 천국에서 보장되는 영원성에 도달하기 위해 현재의 시간과 분리되어야만 합니다.

역설적인 것은 이슬람이라는 거대한 제국 아래서 살았던 사람들이 이러한 종교적 규제에도 불구하고 위대한 공적을 남겼다는 사실입니다. 그들은 삶과, 시·예술·사상·철학·과학 분야에서 진보를 이루었습니다. 이러한 진보를 이룬 사람들은 그들을 강제하는 규제들과 계속 싸워야만 했습니다. 그들 중 몇몇은 이러한 투쟁을 통해 목숨을 잃기도 하고, 때로는 그들의 업적이 파괴되는 것을 목격해야만 했으며, 사회에서 소외되기도 했습니다.

무엇보다 놀라운 것은 이러한 진취적인 사람들, 특히 철학과 시 분야에서 진취적이었던 사람들 중 그 누구도 전통적인 이슬람이나 권력화된 이슬람을 수용한 사람이 없다는 사실입니다. 지난 14세기 동안 위대한 시인이나 철학자 중 그 누구도 권력화된 이슬람이나 법제화된 이슬람을 신봉한 사람은 없었습니다.

이들은 모두 각자의 방식으로 위대한 시인 알마아르리의 주장에 동의합니다. "이 땅에는 두 종류의 인간이 있다. 한 부류는 종교가 있지만 이성이 없고, 다른 부류는 종교가 없지만 이성이 있다."

이슬람의 관점에서 볼 때 인간의 감각과 본질은 개인의 인간성으로부터가 아니라 종교, 즉 이슬람에서 생성됩니다. 무슬림이 자신의 종교를 저버린다는 것은, 곧 인간적 본질을 상실한다는 것을 의미합니다. 그리고 종교를 버린 사람은 사형에 처해집니다. 인간은 무슬림이 되기 위해, 그리고 이슬람에 봉사하기 위해 창조되었습니다.

좀 더 정확하게 말하자면 현재 이슬람의 지배적인 사상은 계속해서 이슬람만이 유일한 진실이라고 주장하고 있습니다. 만약 진실에 대한 정당화가 개개인에게만 구속된 것이라면 진실 자체에는 문제가 없다고 생각합니다. 문제는 진실에 대한 정당화가 억압적이며 폐쇄적으로 이루어져서 문화적·사회적·인간적인 모든 요소에 적용된다는 사실입니다. 즉, 이슬람이 주장하는 진실이 사회 구성의 절대 규범이 되며, 이슬람에 위배되는 사회 구성 요소나 다른 종교는 완전히 배척됩니다.

이슬람이 주장하는 진실은 곧 공동체의 진실입니다. 이 진실은 여러 창조자 중 어떤 창조자에 의해 규정된 것이 아니라 유일한 창조자에 의해 규정됩니다. 따라서 이 진실은 절대 변하지 않습니다. 이슬람이 주장하는 진실성은 일종의 영적 유산으로서 분열이 불가능하고 완결된 형태로 대대로 전해졌습니다. 진실성에 대한 주장이야말로 이

폭력과 이슬람

슬람의 존속을 가능케 한 비밀입니다. 이러한 진실성이 의심받게 된다면 이슬람 자체는 붕괴될 것입니다. 이슬람은 이슬람이 주장하는 진실 없이 존재할 수 없습니다. 따라서 우리는 지하드나 순교를 이러한 진실을 상징하는 표현의 수단으로 이해해야 합니다. 진실을 방어하는 것이 곧 신을 방어하는 것이며, 그 진실 자체에 대한 공격으로부터 자신을 방어하는 것이기도 합니다.

이슬람이 주장하는 진실성을 개인 차원에서 논의할 수 있는데, 여기서 말하는 개인은 진실을 믿는 자를 뜻하며 이들에게 진실은 해방의 표현으로 받아들여지고 있습니다. 만약 우리가 이러한 진실성을 사회적이고 전체적인 차원에서 정의하고, 동시에 전체 사회에 적용되는 것으로 이해한다면, 이 진실은 법으로서 효력을 가지게 됩니다. 이러한 이유 때문에 진실은 폭력으로 둔갑합니다. 진실을 믿는다는 것은 곧 복종을 의미합니다. 진실이 법제화되는 순간 사회는 진실에 대해 논의할 자격을 잃게 되고, 진실이 사회를 소유하게 됩니다. 꾸란은 현실을 초월하는 위치에 있습니다. 꾸란이야말로 현실을 마음대로 조종하는 주인이 되고, 현실은 꾸란의 노예가 됩니다. 진실은 자유로운 사상과 인간, 그리고 다른 공동체가 주장하는 진실에 맞서서 끊임없는 전쟁을 벌이고 있습니다.

이러한 관점에서 진보는 근원에 대한 절대적인 모방에 불과합니다. 아리스토텔레스로부터 헤겔에 이르는 서구 전통에 따르면 스스로의 한계를 넘지 못하는 모방은 아무런 의미가 없습니다. 모방은 자신이 모방하는 것을 극복할 때 의미가 있습니다. 그렇지 않으면 모방은 피상적인 복사이며 왜곡일 뿐입니다. 현재 아랍인들은 이러한 의미 없는 모방과 왜곡 속에서 살아가고 있습니다.

진보는 창조와 발명에 근거를 둔 인간의 활동입니다. 진보는 미래와 아주 긴밀하게 연결되어 있습니다. 미래를 과거에 대한 답습으로만 생각하는 문화는 진보를 이룰 수 없습니다. 불행하게도 이와 같은 생각이 아랍 사회를 지배하고 있으며, 우리는 아랍 사회가 퇴보만 거듭하고 있음을 목격하고 있습니다.

인간은 본질적으로 창조적인 존재입니다. 인간은 자신의 삶의 영역과 사회, 심지어 언어의 영역에서도 계속 진보를 이루어왔습니다. 미래는 우주를 좀 더 잘 통제하고 우주의 비밀을 더 잘 이해하기 위해 인간의 역량과 에너지를 발산할 수 있는 발판입니다.

현재 이슬람 사회를 지배하는 사상은 이슬람 자체에 대한 새로운 해석과 이슬람 정권의 보호 아래 살고 있는 사람들의 문화에 대한 새로운 해석이 필요합니다. 또한 아랍 문화 전체에 대한 새로운 해석과 역사에 대한 새로운 해석이 필요합니다. 마지막으로 언어와 언어가 지시하는 대상들 사이, 인간과 세계 사이, 그리고 인간과 진보 사이에 새로운 관계가 성립되어야 합니다.

아도니스가 쓰고
아도니스와 도나티앵 그로Donatien Grau가 옮김

폭력과 이슬람

옮긴이의 말

1930년 시리아 북부에서 태어났지만 정치적 이유 때문에 레바논으로 망명해 레바논 국적을 취득한 아도니스는, 수차례 노벨문학상 후보로 거론되면서 아랍어권 최고의 시인으로 꼽히고 있다. 해마다 죽고, 해마다 부활하는 그리스 신화의 식물신 아도니스를 필명으로 삼은 그의 본명은 알리 아흐마드 사이드Ali Ahmad Said이며, 시와 에세이를 통해 이슬람의 비근대성와 폭력성을 폭로하는 데 앞장서고 있다. 어릴 때 코란을 암송하며 자랐을 정도로 엄격한 이슬람 교육을 받았지만, '신은 죽었다'고 선언하면서 스스로를 이슬람에서 해방시켰으며 그 누구보다도 자유의 정치적 차원에 대해서 깊게 고민하는 아도니스의 명찰은 아랍 세계뿐만 아니라 깊은 갈등으로 고전을 면치 못하고 있는 전 세계에 깊은 시사점을 던져준다.

『폭력과 이슬람』이라는 제목을 통해서 우리는 이슬람의 폭력성을 철저하게 고발하려고 하는 아도니스의 의도를 직감적으로 파악할 수 있다. 아도니스는 이 책을 통해 꾸란에 나와 있는 폭력에 대한 찬양 뿐만 아니라 피비린내 나는 전쟁을 통해 세력을 확장한 초기 이슬람의 폭력성, 그리고 근본주의적 이슬람 교리를 오늘날까지 맹종하면서 근대적 시민사회 구성을 철저히 봉쇄하는 이슬람의 폐쇄성을 철저하게 고발한다. 꾸란에 분명히 기록되어 있는 비인간적인 요소들과 그러한 요소들을 계시로 신봉하며 어떠한 종류의 비판도 허용하지 않는 무슬림 사회의 전제주의적 태도, 특히 여성을 아직도 남성들의 성적 노리개로 취급하고 있는 이슬람의 야만성이 이 책의 주요 내용을 이룬다. 아도니스에 따르면 이슬람은 개인주의를 철저히 거부하며 개인의 창조성과 자유의지를 용납하지 않는다. 이슬람 역사 속에서 개인의 의견을 존중하고 창조적 상상력을 발휘했던 무슬림들, 예를 들어 철학자나 신비주의 사상가 그리고 시인들은 결코 진정한 무슬림으로 취급받지 못했으며 심지어 혹독한 박해를 받았다.

아랍 세계 전체의 사회적·경제적 생활 방식을 규정하는 것은 꾸란이며, 이 원칙은 절대 불변한다. 다시 말해서 아도니스는 돌처럼 굳어져 있는 이슬람의 근본주의적 성격을 전면적으로 고발하면서 독자들에게 상당히 부정적인 이슬람의 모습을 부각시킨다. 아도니스가 이책을 통해서 분석하고 있는 이슬람은 보통 살라피스트적 이슬람이라고 알려진 근본주의적 이슬람이다. 그리고 실제로 이러한 근본주의적 이슬람의 형태가 이슬람국가IS를 통해서 구체적으로 구현되고 있고, 아도니스는 이 책을 통해 IS의 출현이 이슬람의 종말을 예고하고 있다고 주장한다.

그렇다면 과연 우리는 아도니스가 밝힌 대로 이슬람을 폭력이라는 한 단어로 축소시킬 수 있는가. 아도니스가 대담에서 분명히 밝히듯이, 이슬람은 역사 초기에 철학과 신비주의 사상과 위대한 문학을 탄생시키며 수준 높은 문명을 꽃피웠으며, 이러한 문명사회 내에서 다양성은 당연히 존중되었다. 그리고 이러한 다양성을 추구할 수 있는 선택의 기회는 이슬람 초기 시대부터 오늘날까지 무슬림 사회의 특성에 따라 계속 허용되어 왔다. 아도니스는 1973년 발표한 저서 『고정적인 것과 유동적인 것』에서 설립 당시 이슬람의 성격을 혁명적이었다고 밝히며, 그 이후 이슬람이 권력의 도구화가 되면서 경직화되긴 했지만, 역사를 통해 권력에 대항하는 세력들은 진보와 변화를 추구하는 움직임을 멈추지 않았다는 사실을 피력한다. 1979년 이란 혁명이 일어났을 때만 해도 아도니스는 이슬람의 변화 가능성에 대한 희망을 버리지 않았었다.

그렇다면 이슬람의 변화 가능성에 대한 희망을 계속 가지고 있었던 아도니스가 철저한 이슬람 비판자가 된 계기는 무엇인가? 아도니스는 좌익계 지식인으로서 1960년대부터 팔레스타인의 저항운동 등을 목격하면서 아랍 세계의 혁명적 변화를 계속 꿈꾸어왔다. 하지만 1970년대 이후 아랍 세계에서 우익 정권들이 세력을 굳히면서 심지어 서구 세력과 공조하기 시작했으며, 그 이후 발생한 여러 사건(레바논 시민 전쟁, 이스라엘의 주변국 개입, 걸프 전쟁 등)을 목격하면서 아랍 세계의 변화 가능성에 대한 아도니스의 희망은 점차 사라지기 시작했다. 특히 2011년 이후 불처럼 일어난 '아랍의 봄' 혁명이 완전한 실패로 돌아가자, 아도니스는 모든 희망을 포기하고 철저한 이슬람 비판자로 돌아서게 된 것이다.

『폭력과 이슬람』 전체를 통해서 주지되는 폭력적 이슬람에 대한 아도니스의 가차 없는 비판은 아도니스의 이러한 개인적 투쟁의 역사적 맥락 속에서 읽혀야 한다. 아랍 세계의 진정한 변혁이 아도니스가 이 책에서 밝히듯이 IS의 출현과 함께 매장될 것인가, 아니면 이러한 부정적 평가에도 불구하고 계속 불꽃처럼 일어날 것인가의 문제는 역사만이 해답을 제시할 것이다.

2019년 2월

은정 펠스너 Eun-Jung Felsner

주요 용어

가니마 ghanimah 전리품

까라미타파 Qarāmiṭah 헤지라 6세기 파티미드 왕조 시기에 생성된 정치 저항 단체

갓사 ghassa 음식에 의한 고문

구르바 ghurba 격리, 망명

꾸라이시족 Quraysh, Qurayshites 무함마드의 종족

라마 raḥma 용서

라위야 rāwiya 화, 이야기꾼

라자 lazā 지옥

무알라까트 Mu'allaqāt 이슬람 이전의 서정시

무타질라파 Mu'tazilites 헤지라 2세기 초반에 바스라에서 형성된 철학자들의 운동. 이 학파는 이슬람 역사에서 가장 중요한 사상학파를 결성함.

밧시 batsh 억압자, 독재자

부르까 burqa 몸 전체를 덮는 베일

사까르 saqar 지옥 불

사끼파 Saqīfa 메디나 근처에 있는 마을. 무함마드가 죽은 뒤 이곳에서 무함마드의 후계자 문제로 토론이 열림.

사비 saby 전쟁 포로

샤르 shar' 율법

샤리아 sharī'ah 이슬람교의 법

신누 엘야스 sinnu l'ya's 갱년기

아드흐라 'adhrā' 처녀

아르드 'ard 명예

아스르 안나다 'aṣr an-nahḍa 부흥

안나르an-nār　불

안니사an-nisā'　여성들

안사르Anṣār　무함마드를 환영했던 메디나 거주민들

알굿사끄al-ghussāq　끓는 물

알라트ālat　기계

알루가 알움므al-lugha al-umm　어머니의 언어

알바단al-badan　리비도

알지슴al-jism　신체

와산wathan　우상

와하비즘wahhabism　18세기 사우디아라바아의 무함마드 벤 압델와하브Mohammed
　　ben Abdelwahhab가 일으킨 정치종교 운동. 이슬람의 순수성과 엄격성을 강조.

움마Oumma　충성의 공동체

이스티바하istibāḥa　방탕

이즈마ijmā'　합의

이즈티하드ijtihād　법률 고문의 해석

일라ilāh　신성

자한남jahannam　지옥

자힐리야Jāhilīya　이슬람 이전의 시대

잔나jannah　천국

잔즈Zanj　흑인들. 869년(헤지라 255년) 아바스 왕조 시기에 시작된 혁명.

잡바르Jabbār　전능자

지하드jihād　성전

쿠프르kufr　불신앙

타비tābi'　복종자. 무슬림 교리 신봉자

파끼흐faqīh　율법학자

파트와fatwa　칙령

푸까하fuqahā'　신학자들

푸투하트futūḥāt　정복자들

피끄흐fiqh　이슬람 율법

　　　　　　　　　　　　　　　　　　　　　　　폭력과 이슬람

피라끄 바티니야 / 바티니테스 Firaq bāṭinīya / bāṭinites   205년, 250년 또는 276년에 시작된 운동, 이 운동으로 여러 단체가 설립되었으며 까라미타파도 이 범주에 속한다. 이때 설립된 단체들은 모두 이단으로 취급받았다.

피트나fitna   무슬림들 사이의 전쟁

하디스Hadīth   무함마드의 말씀

하르스harth   경작지

하위야hāwiya   심연

후룹 아르리다hurūb ar-rida   배교의 전쟁

후리houri   천국의 여성들

지은이 _ 아도니스(Adonis)

시리아 출신의 저명한 시인으로 1930년 시리아 북부의 작은 도시에서 태어났다. 본명은 알리 아흐마드 사이드(Ali Ahmad Said)이다. 아도니스라는 필명은 페니키아 지역에서 생성된 신화에 나오는 '식물의 신' 이름에서 빌려온 것이며, 17세에 시를 발표하기 시작하면서부터 사용했다. 시리아의 다마스쿠스 대학교와 레바논의 베이루트 대학교에서 문학을 전공했으며, 1985년부터 프랑스 파리에 거주하면서 이슬람교에 대한 신랄한 비판을 담은 시와 에세이를 발표하고 있다. 그동안 펴낸 주요 시집으로 『델릴라』, 『대지는 말했다』, 『처음 시들』 등이 있다. 현재 아랍 문학을 대표하는 시인으로 여러 차례 노벨문학상 후보로 추천되었다.

지은이 _ 후리아 압델루아헤드(Houria Abdelouahed)

정신분석가이자 파리-디드로 대학교에서 교수로 재직하고 있다. 압델루아헤드의 주요 관심사는 심리학적 관점에서 언어, 정체성, 타자성, 여성성 등의 주제를 분석하는 것이며, 2007년부터 아도니스의 저술을 프랑스어로 번역하는 데 매진하고 있다.

옮긴이 _ 은정 펠스너(Eun-Jung Felsner)

프랑스 소르본 대학교에서 영화 공부를 하다가 독일 남자를 만나 20년째 독일에 거주하고 있다. 한국어, 영어, 불어, 독일어의 혼재 속에서 각 언어가 지닌 보편성과 특수성에 관심이 많으며, 그러한 관심은 2013년 한국문학번역원 독일어권 번역상 수상으로 결실을 맺었다. 현재 베를린 자유대학교 한국학과에서 종교와 통일 문제로 박사과정을 밟고 있으며, 출판 기획자와 번역가로 활동하고 있다. 번역서로 『쿠르드 연대기』(2018), 『유럽의 극우파들』(2017), 『IS 리포트』(2015)가 있다.

폭력과 이슬람

아랍의 문호 아도니스, 정치화된 이슬람의 폭력성을 말하다

지은이 **아도니스, 후리아 압델루아헤드** ㅣ 옮긴이 **은정 펠스너**
펴낸이 **김종수** ㅣ 펴낸곳 **한울엠플러스(주)** ㅣ 편집 **김다정**

초판 1쇄 인쇄 **2019년 2월 15일** 초판 1쇄 발행 **2019년 2월 22일**

주소 **10881 경기도 파주시 광인사길 153 한울시소빌딩 3층**

전화 **031-955-0655** ㅣ 팩스 **031-955-0656** ㅣ 홈페이지 **www.hanulmplus.kr**
등록번호 **제406-2015-000143호**

Printed in Korea.
ISBN **978-89-460-6564-2 03300(양장)**

    978-89-460-6565-9 03300(반양장)

* 책값은 겉표지에 표시되어 있습니다.